Generis

PUBLISHING

I0130974

Ulrich Kevin KIANGUEBENI

LA PROTECTION
DE L'ENVIRONNEMENT
ET LE DEVELOPPEMENT
DURABLE AU CONGO

Title: LA PROTECTION DE L'ENVIRONNEMENT ET LE DEVELOPPEMENT DURABLE AU CONGO

Author: Ulrich Kevin KIANGUEBENI

ISBN: 978-1-63902-173-4

Cover image: www.unsplash.com

Publisher: Generis Publishing
Online orders: www.generis-publishing.com
Contact email: info@generis-publishing.com

PLAN DE L'OUVRAGE

INTRODUCTION

1 – La notion de l'environnement

2 – Géographique environnementale de la République du Congo

PARTIE I : L'ETAT DES LIEUX DE LA PROTECTION DE L'ENVIRONNEMENT AU CONGO

Chapitre I : La protection normative de l'environnement

Paragraphe I : Le cadre législatif et règlementaire national

Paragraphe II : Le cadre normatif international

Chapitre II : La protection institutionnelle

Paragraphe I : Le cadre institutionnel national

Paragraphe II –Le cadre institutionnel international

PARTIE II : LES EFFETS DE LA PROTECTION DE L'ENVIRONNEMENT AU CONGO

Chapitre I : L'impact réel du régime juridique dans la protection de l'environnement

Paragraphe I : L'applicabilité normes juridiques sur l'environnement

Paragraphe II : L'absence de clarté des conventions et traités internationaux

Chapitre II : Le pouvoir des institutions de protection de l'environnement

Paragraphe I –L'insuffisance des ressources humaines et financières

Paragraphe II - L'absence d'une organisation mondiale et d'une juridiction internationale pour l'environnement

Paragraphe III : L'impérative nécessité d'intégrer les éléments du développement durable dans la protection de l'environnement

PARTIE III : L'OBLIGATION D'APPLIQUER LES MESURES CONTRAIGNANTES

Chapitre I : L'obligation d'une étude d'impact environnemental et la mise en place d'un nouveau principe directeur de l'environnement

Paragraphe I : : L'obligation d'une étude d'impact environnemental et la mise en place d'un nouveau principe directeur de l'environnement

Paragraphe II : La mise en place des mécanismes propres aux réalités congolaises

Chapitre II : L'obligation de réaliser un inventaire du patrimoine naturel

Paragraphe I : - L'obligation d'établir une liste du patrimoine naturel

Paragraphe II : La conciliation des impératifs du développement durable aux enjeux économiques.

CONCLUSION

LISTE DES ABBREVIATIONS

ACCT : Agence pour la Coopération Culturelle et Technique

ADHUC :   Association pour les Droits de l'Homme et l'Univers Carcéral

AFD : Agence Française de Développement

ANPE : Agence Nationale pour la Protection de l'Environnement

ASCODD : Association Congolaise pour le Développement Durable

ASEAN : Association des Nations de l'Asie du Sud-Est

BM : Banque Mondiale

CBD : Convention sur la Diversité Biologique

CCNUCC : Convention-Cadre des Nations Unies sur le Changement

CDB : Convention sur la Diversité Biologique

CDI : Commission du Droit International

CE : Commission Européenne

CE : Conseil d'Etat

CFC : Conservation de la Faune Congolaise (ONG)

CFCO : Chemin de Fer Congo Océan

CHO : Convention sur la Protection de la Nature et la préservation de la Vie Sauvage dans l'Hémisphère Ouest

CIB : Congolaise Industrielle des Bois

CICOS : Commission Intergouvernementale Congo-Oubangui-Sangha

CITES : Convention sur le commerce international des espèces de faune et de flore sauvages menacées d'extinction Climatique

CMS : Convention on Migratory Species

CNDD : Commission Nationale pour le Développement Durable

CNIAF : Centre National d'Inventaire et d'Aménagement Forestiers

CNUED : Conférence des Nations Unies sur l'Environnement et le développement

CNULD : Convention des Nations Unies sur la Lutte contre la

COMIFAC : Commission des Forêts d'Afrique Centrale

COP : Conférences des Parties

CORAF : Congolaise de Raffinage

CSE :Conseil Supérieur de l'Environnement

DCEN : Direction de la Conservation des Ecosystèmes Naturels

DDE : Direction Départementale de l'Environnement

DDEEC : Direction du Droit de l'Education Environnementale et de la Coopération

DGDD : Direction Générale du Développement Durable

DGE : Direction Générale de l'Environnement

DGEF : Direction Générale des Eaux et Forêts

DGGT : Délégation Générale des Grands Travaux

DPPEU : Direction de la Prévention des Pollutions et de l'Environnement Urbain

DSRP : Document de Stratégie de Réduction de la Pauvreté

DSRPI : Document de Stratégie de Réduction de la Pauvreté Intérimaire

ECOM : Enquête Congolaise auprès des Ménages pour

ECOSOC : Conseil économique et social des Nations unies

ECOSOC : United Nation Economic and Social Concyl

EE : Evaluation Environnementale

EIE : Etude d'Impact Environnemental

EIES : Etude d'Impact Environnemental et Social

ETIS : Elephant Trade Information System

ETP : Enseignement Technique et Professionnel

FAO : Organisation des Nations Unies pour l'Alimentation et l'Agriculture

FEC : Facilité Elargie de Crédit

FEM : Fonds pour l'Environnement Mondial

FESPAM : Festival Panafricain de la Musique

FIF : Forum international sur les forêts

FIPOL : Fonds d'Investissement des Pollutions

FNUF : Forum des Nations Unies sur les Forêts

FPE : Fonds pour la Protection de l'Environnement

FSC : Forest stewardship certification

GEF : Global Environment Fund

GES : Gaz à Effet de Serre

GEST : Groupe d'Evaluation Scientifique et Technique

GRET : Groupe de recherche et d'échanges Technologiques groupes défavorisés

IFAW : International Fund for Animal Welfare

ITIE : Initiative pour la transparence dans les industries extractives

MDP : Mécanisme pour un Développement Propre

MEFE : Ministère de l'Economie Forestière et de l'Environnement

METP : Ministère de l'Equipement et des Travaux Publics

MOU : Memorandum of Understanding

NEPAD : Nouveau Partenariat pour le Développement de

NIE : Notice d'Impact sur l'Environnement

OCDE : Organisation de Coopération et de Développement Economiques

ODD : Objectifs du Développement Durable

OGM : Organisme Génétiquement Modifie

OIF : Organisation Internationale de la Francophonie

OMD : Objectifs du Millénaire pour le Développement

OMS : Organisation Mondiale de la Santé

ONG : Organisation Non Gouvernementale

ONU : Organisation des Nations-Unies

OSC : Organisations de la Société Civile

PADE : Projet d'Appui à la Diversification de l'Economie

PAN : Plan d'Action National sur la Désertification

PARSEGD : Projet d'appui à la Réinsertion socioéconomique des

PFNL : Produits Forestiers Non Ligneux

PIB : Produit Intérieur Brut

PIF : Panel Intergouvernemental sur les Forêts

PIKE : Proportion of Illegally Killed Elephants

PN : Parc National

PNAE : Plan National d'Action Environnemental

PNAE : Plan National d'Action pour l'Environnement

PNCD : Parc National de Conkouati Douli

PNIU : Plan National d'Intervention d'Urgence

PNUD : Programme des Nations Unies pour le Développement

PNUE : Programme des Nations Unies pour l'Environnement

PPTE : Pays Pauvres Très Endettes

REDD : Reducing Emissions from Deforestation and Forest Degradation in Developing

SADC : Communauté de Développement d'Afrique Australe

SFDE : Société Française pour le Droit de l'Environnement

TRD : Termes de Référence

UICN : Union internationale pour la Conservation de la Nature

UNESCO : Organisation des Nations Unies pour l'éducation, la science et la culture

UNFCC : Convention-Cadre des Nations Unies sur les Changements Climatiques

UNITAR : Institut des Nations Unies pour la formation et la recherche

WHC : Convention du patrimoine mondial

WWF : World Wildlife Fund

OCDE : Organisation de Coopération et de Développement Economiques

OMS : Organisation Mondiale de la Santé

ONG : Organisation Non Gouvernementale

PFNL : Produits Forestiers Non Ligneux

PN : Parc National

PNAE : Plan National d'Action Environnemental

PNCD : Parc National de Conkouati Douli

PNNN : Parc National de Nouabalé Ndoki

PNOK : Parc National d'Odzala Kokoua

PNUE : Programme des Nations Unies pour l'Environnement

PROGECAP : Projet de Gestion et Conservation des Aires Protégées du Congo

RN : Route Nationale

SAF : Services Administratifs et Financiers

SNPC : Société Nationale des Pétroles du Congo

TDR : Termes de Référence

UFA : Unité Forestière d'Aménagement

WCS : Wildlife Conservation Society

L'écologie est aussi et surtout un problème culturel. Le respect de l'environnement passe par un grand nombre de changements comportementaux.

Nicolas Hulot

INTRODUCTION

La protection de l'environnement désigne l'ensemble des mesures de protections écologiques des biotopes, afin de maintenir la santé de l'Homme. La protection environnementale a plusieurs fonctions et implique différents principes écologiques. Elle prévient les dommages environnementaux (prévention), les réprime (répression) et restaure (biorestauration) autant que possible les ressources naturelles (bioréhabilitation). Protéger l'environnement, c'est préserver la biodiversité, conserver le climat, préserver la qualité de l'air et protéger notre source de nourriture et d'eau potable. La protection de l'environnement représente l'un des 3 grands piliers du développement durable (le pilier économique, le pilier social, le pilier environnemental). Le pilier environnemental apparaît souvent comme le premier enjeu du développement durable. Il est celui qui a motivé l'approche à ses prémisses, face à une constatation : plus la croissance économique progresse, plus le climat se dérègle, plus les ressources naturelles s'épuisent. L'objectif environnemental est celui de la préservation, la protection et la valorisation de la biodiversité comme des ressources naturelles. C'est aussi l'amélioration de nos modes de vie, de nos techniques de fabrication, de nos moyens de production... Plus qu'un simple respect de l'environnement, le développement durable tend à créer une vraie relation d'échange et de collaboration entre l'homme et son milieu. Pour des conditions vivables, pour une relation durable, chacun doit pouvoir s'enrichir de l'autre[1].

La problématique de la protection de l'environnement en Afrique reste entière malgré la multitude d'outils juridiques et de politiques publiques mises en place. Il n'est guère nécessaire d'insister aujourd'hui sur l'importance d'un thème tel que l'environnement, dont on se gardera, momentanément, de donner une définition précise. La protection ou la restauration de l'environnement sont en effet considérées comme l'un des défis majeurs de notre temps : l'ensemble de la planète serait concerné, et tout traitement ne pourrait être que coûteux et de longue haleine. Il en va, dit-on, de la qualité de la vie, voire, comme le pensent certains, de la vie même des générations futures[2].

Analyser la protection de l'environnement au Congo exige de comprendre la notion de l'environnement elle-même dans ses origines et l'historique de son évolution.

---

[1] Michel Gauthier-Clerc, *Sciences de la conservation*, De Boeck Supérieur, 2014, p272
[2] Michel Gaud et Guy Pontié, « L'environnement en Afrique », in *Afrique contemporaine* N° 161 (spécial), trimestre 1992, p6

1 – La notion de l'environnement

L'expression « environnement » a connu une histoire assez tumultueuse. En effet, avant de disparaître du français au XVIᵉ siècle, « environnement » avait, dans la langue médiévale, le sens précis de trajectoire circulaire, évoquant aussi ce qui entoure, ce qui ceint. On retrouve ensuite le mot dans la langue anglaise en 1603, selon l'Oxford *Standard Dictionary* : dérivé du verbe to environ, lui-même venu du vieux français « environ », *environment* désigne alors le milieu dans lequel nous vivons. Il ne devient d'un usage courant qu'à partir du XIXe siècle dans le monde anglo-saxon avec la double signification de ce qui nous entoure spatialement et de ce qui nous influence fonctionnellement. Puis il pénètre le discours scientifique, géographique bien sûr, mais aussi psychologique et biologique. On y retrouve l'idée forte selon laquelle aucun organisme vivant ne peut être compris sans son environnement. L'écologie moderne posera même comme principe que l'écosystème, unité de base de cette science, doit être entendu comme l'ensemble indissociable qui attache, dans un jeu complexe d'interactions réciproques, la communauté des êtres vivants (la biocénose) à son environnement (le biotope). Dans ses Principes de géographie humaine publiés en 1921, Paul Vidal de la Blache redonne au mot environnement ses lettres de noblesse dans la langue savante française. À l'époque, l'usage en reste cependant limité, notamment chez les géographes, qui lui préfèrent longtemps la notion de milieu. Il s'agit alors de désigner les différents aspects de l'univers naturel et artificiel qui nous entoure.

Dès la fin des années 1960, le terme devient omniprésent pour désigner de nouveaux problèmes qui accablent la société tels que les pollutions, la destruction des paysages, les risques industriels. Paradoxalement, il disparaît du langage de l'écologie scientifique[3]. De nos jours, on peut considérer que l'environnement désigne l'ensemble des conditions naturelles (géologie) ou artificielles (physiques, chimiques et biologiques) et culturelles (sociologiques) dans lesquelles les organismes vivants se développent, en particulier l'homme, mais aussi des espèces animales et végétales.[4]. En d'autres termes, l'environnement recouvre tout ce qui nous entoure. Il désigne l'ensemble des conditions naturelles (géologiques) ou artificielles (physiques, chimiques et biologiques) et culturelles (sociologiques) dans lesquelles les organismes vivants se développent (non seulement l'homme, mais aussi des espèces animales et végétales qui sont susceptibles d'interagir avec lui directement ou indirectement). Notre environnement inclut donc l'air, la terre, l'eau, les

---

[3] https://www.universalis.fr/encyclopedie/environnement-un-enjeu-planetaire/1-le-mot-et-son-histoire/
[4] Dictionnaire de l'environnement

ressources naturelles, la flore, la faune, les êtres humains et leurs interactions sociales. La préservation de l'environnement est importante pour le développement durable des générations actuelles et de celles de l'avenir[5].

Le mot anglais *environment* signifie milieu. En fait, il n'existe pas une définition unique du mot environnement, mais plusieurs conceptions ou représentations en fonction des individus et de l'environnement dans lequel ils évoluent :

- Les géologues appréhendent l'environnement par l'étude des sols.
- Les écologues le font par la dynamique des êtres vivants.
- Les géographes par l'occupation du territoire, la gestion du territoire.
- Les ingénieurs et techniciens en fonction de leurs domaines d'expertise : eau, air, sol, énergie, etc.
- Les économistes par la gestion des ressources naturelles.
- Les juristes sous l'angle des contraintes réglementaires.
- Les philosophes par la morale et l'éthique, etc.
- Les liens et/ou échanges entre ces différentes disciplines sont souvent difficiles, sujets à discussion, ce qui pénalise les apports de chacun au débat général[6].

C'est donc une notion assez récente issue des années 1968 (réchauffement climatique et annonce de l'épuisement des ressources naturelles). Cette notion est devenue avec la notion de développement durable une préoccupation majeure non seulement des pays riches mais aussi des pays sous-développés. Cette question a notamment été relancée par la conférence des nations unies sur l'environnement, conférence de Rio de 1992.

L'environnement c'est l'ensemble des facteurs qui influent sur le milieu dans lequel l'homme vit. Cette notion doit être complétée également par plusieurs autres notions. Malgré tout, chacune de ces notions a une spécificité, une différence par rapport aux autres. Ces spécificités sont l'écologie, la notion de nature, la notion de qualité de la vie et la notion de cadre de vie. Le mot environnement est apparu très tard dans la langue française. Dans les faits c'est une notion qui apparait après 68 et dans les textes, cette notion apparait en 1972 « c'est l'ensemble des éléments naturels ou artificiels qui conditionnent la vie de l'homme. Ceci étant, le mot environnement a 2 sens : le sens qui est issu des sciences de la nature, c'est l'approche écologique. Deuxième sens : celui qui se rattache au vocabulaire des architectes et des urbanistes. Dans ce cas, la notion recouvre celle de milieux ambiants naturels ou artificiels. À ce titre, dans la loi

---

[5] *Ibid.*
[6] Michel Picouet, *Environnement et sociétés rurales en mutation: Approches alternatives*, IRD Editions, 2013, p82

sur l'architecture de 1977, le mot environnement prend également un sens esthétique[7].

Ainsi, il apparaît clairement que la notion d'environnement comprend plusieurs acceptions. Il est polysémique, c'est-à-dire qu'il a plusieurs sens différents. Ayant le sens de base de ce qui entoure, il peut prendre le sens de cadre de vie, de voisinage, d'ambiance, ou encore de contexte (en linguistique[8]). L'environnement au sens d'environnement naturel qui entoure l'homme est plus récent et s'est développé dans la seconde moitié du XXe siècle. Il s'agit d'une expression qui utilisée principalement en biologie (zoologie, botanique), en écologie, en géosciences et en économie.

Par définition, l'environnement naturel fait référence à la présence caractéristique d'une espèce dans une région géographique et climatique spécifique et à proximité d'autres organismes ou facteurs naturels. En biologie, l'habitat caractéristique d'une espèce est désigné par le terme habitat. L'environnement naturel est un système complexe en atmosphère qui comprend les éléments ou sous-systèmes des êtres vivants, l'atmosphère terrestre (l'air), l'hydrosphère (l'ensemble des eaux), la lithosphère (le sol avec les ressources minérales) et leurs relations. Cette notion d'environnement naturel, souvent désignée par le seul mot « environnement », a beaucoup évolué au cours des derniers siècles et tout particulièrement des dernières décennies. L'environnement est compris comme l'ensemble des composants naturels de la planète Terre, comme l'air, l'eau, l'atmosphère, les roches, les végétaux, les animaux, et l'ensemble des phénomènes et interactions qui s'y déploient, c'est-à-dire tout ce qui entoure l'Homme et ses activités — bien que cette position centrale de l'Homme soit précisément un objet de controverse dans le champ de l'écologie.

De nos jours, l'environnement a acquis une valeur de bien commun, et a été compris comme étant aussi le support de vie nécessaire à toutes les autres espèces que l'Homme. En tant que patrimoine à raisonnablement exploiter pour pouvoir le léguer aux générations futures, il est le support de nombreux enjeux esthétiques, écologiques, économiques et socio-culturels, ainsi que spéculatifs (comme puits de carbone par exemple) et éthiques. L'ONU rappelle dans son rapport GEO-4 que sa dégradation « compromet le développement et menace les progrès futurs en matière de développement » (…) et « menace également tous les aspects du bien-être humain. Il a été démontré que la dégradation de

---

[7] https://www.etudier.com/dissertations/Histoire-Du-Droit-De-l'Environnement/258428.html, consulté le 21 décembre 2020
[8] Dictionnaire Larousse, 2019

l'environnement est liée à des problèmes de santé humaine, comprenant certains types de cancers, des maladies à transmission vectorielle, de plus en plus de zoonoses, des carences nutritionnelles et des affectations respiratoires[9] ».

Partant de cette conception, la protection de l'environnement au Congo nécessite un examen de la situation géographique du pays.

2 – Géographique environnementale de la République du Congo

Le Congo est un État d'Afrique Centrale avec une superficie de 342.000 km^2 pour une population évaluée à environ 4,1 millions d'habitants[10]. Il est limité au nord par la RCA (République Centrafricaine) et le Cameroun, au sud et à l'Est par la RDC (République démocratique du Congo), à l'Ouest par le Gabon et l'océan atlantique[11].

Du fait de sa situation géographique par apport à l'équateur, le Congo bénéfice de deux principaux types de climats : le climat équatorial dans la partie septentrionale et le climat tropical humide ou climat bas Congolais couvrant le pays de la côte aux plateaux Batékés. Ces deux types climatiques sont séparés par le climat subéquatorial dans la Cuvette congolaise. Deux principales saisons alternent : la saison des pluies (d'octobre à mi-mai) avec des précipitations moyennes de l'ordre de 500 ml d'eau au sud et près de 2000 ml au nord ; la grande saison sèche (de mi-mai à septembre), caractérisée par des rosées et des brouillards matinaux, des températures moyennes assez basses avec des minima quotidiens inférieurs à 20°C. Cependant, on observe une petite saison sèche de janvier à février[12].

Les principaux ensembles naturels qui composent le territoire congolais sont : la plaine côtière, la chaîne du Mayombe, la plaine du Niari-Nyanga, le massif du Chaillu[13], les plateaux Batéké, la cuvette congolaise et les plateaux du nord-ouest. La plaine côtière, basse et sableuse s'étire vers le Cabinda, avec des baies ombragées et des lagunes bordées de mangroves, que des cordons littoraux sableux séparent de la mer. On distingue la chaine escarpée et boisée du Mayombe, 550 m à 800 m en moyenne, parallèle à la côte, qui donne naissance à de nombreuses rivières côtières. À l'est, la vallée fertile du Niari sépare le Mayombe de la partie méridionale des monts du Chaillu et du plateau de

---

[9] *Op, Cit*

[10] http://web.worldbank.org, consulté le 13 décembre 2020

[11] Voir Annexe 12 et 13

[12] Maurice Pardé, *Régimes hydrologiques de l'Afrique Noire à l'ouest du Congo*, Annales de géographie, Année 1967, 413 pp. 109-113

[13] Le massif du Chaillu est un massif montagneux situé à la frontière entre le Sud du Gabon et l'Ouest de la République du Congo. Il s'étend entre les villes de Koulamoutou à l'est et de Lébamba à l'ouest. Au nord, il rentre profondément dans le parc national de la Lopé

Koukouya qui se prolongent jusqu'au Gabon et culminent au mont *Lékété* à 1 040 m.[14]

Il est à noter que les plaines sont représentées par la plaine côtière, la vallée du Niari et la Cuvette congolaise. La plaine côtière est située entre l'océan atlantique et le Mayombe, large de 50 km à 60 km et longue de 170 km. C'est un bassin sédimentaire dont les altitudes varient entre 200 mètres et 300 mètres. La plaine côtière est sableuse. En même temps, La vallée du Niari est une dépression entre et le Mayombe et le Massif du Chaillu. C'est une zone qui tourne généralement autour de 320 mètres d'altitudes[15].

D'autre part, il faut noter que trois types de composantes dominent ce relief : d'abord les montagnes plus ou moins anciennes. Elles ne dépassent pas en général 1 200 mètres d'altitude, ce sont les chaînes du Mayombe qui se situe à environ 80 kilomètres de la côte. Cette chaîne de montagne dans la région du Niari par le massif du Chaillu. Et la chaîne du nord par le Mont Nabemba. Ensuite, les plateaux et collines qui entourent la grande cuvette et s'étendent du Nord-Ouest au Sud-Ouest de Brazzaville. Ils se situent dans la grande cuvette dans les pays du Niari, et la région de Pointe-Noire celle de la plaine côtière. Enfin, les plaines qui sont représentées par la plaine côtière, la vallée du Niari et la Cuvette congolaise. La plaine côtière est située entre l'océan atlantique et le Mayombe, large de 50 km à 60 km et longue de 170 km. C'est un bassin sédimentaire dont les altitudes varient entre 200 mètres et 300 mètres. La plaine côtière est sableuse. La vallée du Niari est une dépression entre et le Mayombe et le Massif du Chaillu. C'est une zone qui tourne généralement autour de 320 mètres d'altitudes.

Pour sa part, le réseau hydrographique congolais est très dense. Il s'organise autour des deux principaux bassins du Congo et du Kouilou-Niari, auxquels s'ajoutent des petits bassins côtiers. Le bassin du fleuve Congo dont 7 % seulement de la superficie totale, soit 230 000 km2, sont situés sur le territoire congolais, est représenté par les affluents de la rive droite du fleuve. Le principal collecteur est le fleuve Congo qui borde le pays sur plus de 600 km. Son module interannuel de 41700 m3/s lui confère le rang de deuxième fleuve du monde après l'Amazone. Les sous-bassins les plus importants sont ceux de la Sangha (240 000 km2 et 1 698 m3/s à Ouesso) ; la Likouala-Mossaka (60 000 km2 et 218 m3/s à Makoua) ; l'Alima (20 300 km2 et 537 m3/s à *Tchikapika*) ; la *Nkéni* (6 200 km2 et 209 m3/s à Gamboma) ; la Léfini (13 500 km2 et 414 m3/s à

---

[14] Félix Koubouana, *Les forêts de la vallée du Niari (Congo) : études floristiques et structurales*, FAO 1993, p75
[15] « République du Congo », Encyclopédie Encarta, 2009, p14

Mbouambé). Le sous-bassin de l'Oubangui est presque entièrement situé sur le territoire centrafricain[16].

Le bassin du Kouilou-Niari s'étend sur une superficie de 55 340 km2. Il couvre la partie sud-ouest du pays. Le collecteur le plus important est le fleuve Kouilou. Il porte le nom de Niari dans son cours moyen et celui de Ndouo dans son cours supérieur. Son module interannuel est de 930 m3/s dans son cours inférieur à Sounda près de Kakamoéka. Les sous-bassins importants sont ceux de la Louessé (15 630 km2 et 302 m3/s à Makabana) et la Bouenza (4 920 km2 et 112 m3/s à Miambou). Les principaux bassins côtiers sont celui de la Nyanga (5 800 km2 et 215 m3/s à Donguila) et celui de la Loémé (3 060 km2 et 27 m3/s à la station Poste Frontière[17]).

En réalité, la végétation congolaise est dominée les forêts primaires et les savanes. Les forêts occupent près de 60 % du territoire national[18], même si ce chiffre fait actuellement débat compte tenu de l'ampleur et du rythme de la déforestation, et la savane arborée environ de 40 %. La superficie cultivée, terres arables et cultures permanentes, est de 240 000 ha, soit environ 1 % seulement du territoire national. Ce dernier chiffre est probablement sous-estimé. Plus précisément le territoire congolais est constitué à 20% de zones humides comprenant des forêts et des savanes inondées, des zones marécageuses et des zones côtières occupées par les mangroves. Cet écosystème fragile joue un rôle important dans la régulation de l'écoulement du fleuve Congo et des bassins fluviaux côtiers[19].

La forêt sacrée est l'une des composantes de ce patrimoine naturel qui est considéré par les communautés locales comme fait d'interdits inviolables. En ce sens, il convient de s'en servir décemment en pensant aux générations futures. Il y a ainsi une gestion logique intergénérationnelle et extra-générationnelle qui va au-delà de toute considération magico religieuse. En effet, chaque génération en respectant les interdits préservent le patrimoine naturel, au profit des générations futures. Dans ce sens les générations qui se succèdent entretiennent des liens étroits avec la culture et la nature par le respect et la crainte des esprits tutélaires. La forêt permet d'établir le lien entre le passé et le présent d'une communauté. En effet, pour exister, chaque peuple a besoin de témoigner de sa vie quotidienne, d'exprimer sa capacité créatrice, de conserver les traces de son histoire et le patrimoine naturel. L'individu, dans la société congolaise, ne se

---

[16] Philippe Renault, « Le Karst du Kouilou (Moyen-Congo, Gabon) », in *Géocarrefour*, Année 1959, 34-4 pp. 305-314
[17] *Ibid*
[18] Voir Annexe 12
[19] *Ibd.*

définit pas en dehors du groupe ; il façonne et modèle une multitude d'outils et d'instruments utilitaires, répondant à plusieurs usages imposés par la vie quotidienne[20].

De manière générale, le territoire composite du Congo comprend des plaines, des plateaux et des massifs montagneux, couverts de forêts ou de savanes. Le Congo septentrional se compose dans sa partie ouest de plateaux d'une altitude moyenne de 500 mètres, pouvant s'élever jusqu'à 1 000 mètres dans la Sangha. Les dernières grandes forêts primaires du pays se situent entre Ouesso et la frontière de la République centrafricaine ; parcourues par les Pygmées, ces forêts sont soumises aujourd'hui à une exploitation intensive[21].

De ce qui précède, on peut affirmer que le Congo qui regorge d'immenses potentialités naturels. Il est sans conteste que ces éléments environnementaux méritent une attention particulière en ce qu'ils assurent la vie sur terre.

C'est ainsi qu'il apparaît indispensable de faire un état des lieux de la protection de l'environnement au Congo, avant d'envisager les enjeux et perspectives d'une protection durable.

---

[20] Ulrich Kevin Kianguebeni,, *La protection du patrimoine culturel au Congo*, Thèse de droit public, Université d'Orléans, 2016, p368
[21] Christian Fargeot, *La chasse commerciale en Afrique centrale : une menace pour la biodiversité ou une activité économique durable ? : Le cas de la république centrafricaine*, Thèse de doctorat en Géographie et aménagement de l'espace, Université Paul Valery 2013, p189

PARTIE I :

L'ETAT DES LIEUX DE LA PROTECTION DE L'ENVIRONNEMENT AU CONGO

Il convient d'analyser ici le régime juridique de protection de l'environnement tout en faisant état de ses faiblesses.

Le cadre juridique national renvoie à l'étude du cadre du cadre législatif et réglementaire d'une part et du cadre institutionnel de l'autre.

Chapitre I : La protection normative de l'environnement

Elle s'analyse à travers le cadre législatif et réglementaire national (paragraphe I). Par ailleurs, cette protection se fait aussi à travers des outils internationaux (paragraphe II).

Paragraphe I : Le cadre législatif et règlementaire national

Ce cadre est à examiner à travers les différents textes officiels (lois et décrets, arrêtés ...).

A– La Loi n°003/91 du 23 avril 1991 sur la protection de l'Environnement

C'est l'instrument juridique le plus efficace pour la protection de l'environnement en République du Congo. Son champ d'application s'étend à toutes les ressources naturelles, au patrimoine naturel, culturel et historique. Cette loi a pour objet, dans le ressort territorial des espaces aérien et terrestre et des eaux sous juridiction congolaise de renforcer la législation existante portant essentiellement sur la protection et la préservation de la faune et de la flore sauvages, des ressources marines et fluviales, l'exploitation des installations dangereuses, insalubres ou incommodes, l'aménagement et l'urbanisme.

D'autre part, elle permet de gérer, maintenir, restaurer et protéger ou conserver les ressources naturelles, le patrimoine culturel, naturel et historique. Ce texte a donc le mérite de traiter à la fois le patrimoine naturel et culturel de manière explicite. Il aborde plusieurs aspects du droit de l'urbanisme en traitant de la protection des établissements humains. Aux termes de son l'article 3 « *sont désignés comme établissements humains aux termes de la présente loi, toutes les agglomérations urbaines et rurales, quelle que soit leur taille ainsi que l'ensemble des infrastructures dont elles disposent pour assurer l'existence des habitants* ».

Au-delà de la protection du patrimoine naturel, il tient compte de l'environnement humain dans son ensemble en traitant de la protection de la faune et de la flore, de l'atmosphère, de l'eau et des sols. Cette loi incite à l'observation des mesures de protection du patrimoine naturel dans les chantiers de toute nature.

A titre d'exemple, nous citerons la réalisation du projet concernant l'aménagement et le revêtement de la route transfrontalière Sangmélima-Ouesso, qui relie sur environ 575 km la capitale provinciale congolaise de Ouesso à la ville camerounaise de Sangmélima, ville déjà reliée à la capitale Yaoundé par une route bitumée. Pour la réalisation de ce projet, il a été tenu compte des dispositions du code de l'environnement qui exigent une étude d'impact environnemental et social. De cette étude, il ressort qu'aux alentours de la route vivent des communautés du groupe ethnique pygmée Baka, qui compte au total de 30.000 à 40.000 individus parlant la langue Ubangian et vivant aux confins du Cameroun, du Centrafrique, du Gabon et du Congo. En vertu de la Directive Opérationnelle de la Banque Africaine de Développement (BAD) concernant les peuples autochtones, qui les définit comme des groupes à l'identité sociale et culturelle distincte de celle de la société dominante (les Bantous), cette présence de Pygmées dans les forêts traversées par la route nécessite l'élaboration et la mise en œuvre, dans le cadre de ce projet, d'un plan de développement spécifique à ces populations autochtones, que leur identité socio-culturelle minoritaire contribue à rendre «vulnérables» et à « désavantager » dans le processus de développement[22].

Ainsi, le code de l'environnement, à travers l'exigence préalable de la réalisation d'une étude d'impact contribue à la protection du savoir et savoir-faire des peuples autochtones.

Ce code comprend 15 titres et 91 articles traitant notamment de la protection des établissements humains, de la faune et de la flore, de l'atmosphère, de la protection de l'eau, des sols, des établissements environnementaux, des déchets urbains industriels et chimiques et des nuisances sonores. Il définit les infractions tout en y apportant des sanctions. Par ailleurs, il institue un fonds pour la protection de l'environnement destiné aux interventions en cas de catastrophes naturelles et aux activités visant la protection, l'assainissement ou la promotion de l'environnement. Ce code permet de gérer, maintenir, restaurer et protéger ou conserver les ressources naturelles, le patrimoine forestier, naturel et historique dans le cadre d'une gestion et d'un développement durables. C'est l'esprit de l'article 11 de ce code lorsqu'il dispose : « *pour la conservation et la gestion rationnelle de la faune et de la flore, les Ministres Chargés*

---

[22] BAD-FAD, Résumé analytique de l'étude d'impact environnemental et social du projet de réalisation de la route SANGMÉLIMA-OUESSO, mai 2013, p4

respectivement de l'Environnement et de l'Economie Forestière, établissent des aires protégées selon les procédures en vigueur ».

A ce propos, il faut noter qu'au Congo les aires protégées couvrent 13% du territoire national et permettent de préserver les espèces fauniques et florales contre les activités illicites comme le braconnage et la décimation d'essences forestières. Leur intérêt est de plus en plus avéré alors qu'on parle de la gestion durable des espèces. Le Congo compte 17 aires protégées s'étendant sur une superficie de 4.353.500 hectares. Elles jouent un rôle proéminent en matière de conservation et de préservation des écosystèmes forestiers

Par ailleurs, pour ce qui est des éventuelles violations des normes relatives à la protection de l'environnement énumérées par ce texte, il est prévu que les infractions aux dispositions de la loi sont constatées par les agents habilités de l'administration chargée de l'environnement, les agents et officiers de police judiciaire, en collaboration selon les cas, avec ceux de l'économie forestière, de la santé, des mines et énergie, de l'hydraulique, des transports et aviation civile, des travaux publics et construction, ainsi que par les collectivités locales.

B - La Loi N°8-2010 du 26 juillet 2010 portant protection du patrimoine national culturel et naturel au Congo

Cette loi est la première du genre qui pose le cadre légal de la protection du patrimoine culturel et naturel au Congo. Elle institue et protège le patrimoine national culturel et naturel sur toute l'étendue du territoire national. Avec ce texte, le Congo dispose d'un outil juridique de protection, de promotion et de valorisation de son patrimoine naturel. Elle définit le patrimoine national naturel et fait, pour la première fois et fait du patrimoine national naturel est un héritage commun pour la nation congolaise. Sa protection, sa sauvegarde et sa valorisation sont assurées par l'Etat[23].

Aux fins de la présente loi, on entend par patrimoine national naturel, l'ensemble des formations physiques, géologiques et biologiques qui existent indépendamment de la création humaine et ayant un intérêt du point de vue de la beauté naturelle, de la science et de la conservation, tels que les forêts, les fleuves, les chutes. Son article 4 définit les biens constitutifs du patrimoine naturel qui sont:

---

[23] Article premier

25

- les monuments naturels constitués par les formations physiques et biologiques ou par des groupes de telles formations qui ont une valeur esthétique ou scientifique;
- les formations géologiques et physiographiques et les zones strictement délimitées constituant l'habitat d'espèces animales et végétales menacées, qui ont une valeur du point de vue de la science ou de la conservation ;
- les sites naturels ou zones naturelles strictement délimitées, qui ont une valeur du point de vue de la science, de la conservation ou de la beauté naturelle.

La loi N°8-2010 du 26 juillet 2010 portant protection du patrimoine national culturel et naturel au Congo vise donc une gestion efficiente de l'environnement dans un contexte de grandes dégradations des écosystèmes. La gestion efficiente de l'environnement dont il est question ici est une contribution au développement durable. Le développement durable est une notion qui vise l'amélioration de la condition humaine. C'est un développement qui se veut durable et pour l'être, il doit concilier l'efficacité économique, l'équité sociale et la préservation de l'environnement.

Dans ce sens, l'enjeu de gérer l'environnement de manière efficiente vise à mettre en œuvre des actions régulières pour réduire le gaspillage, limiter les nuisances et les pollutions et économiser les ressources ; ce qui conduit à dire que la gestion efficiente de l'environnement suppose une protection saine et responsable des ressources naturelles pour maintenir la vie sur la planète. Cette protection pour être saine et responsable nécessite l'implication de tous les acteurs (privés, publics) et un changement des habitudes dans l'utilisation des ressources environnementales. Ainsi, on est tenté d'affirmer que la gestion efficiente de l'environnement fait partie du vaste programme de l'Agenda 21, adopté par 173 chefs d'Etat lors du sommet de la Terre de Rio en 1992[24].

Compte tenu du fait que l'environnement se dégrade chaque jour, soit du fait de l'homme, soit de la nature, cette loi vise une protection et une gestion saines du patrimoine naturel. Il implique d'adopter un comportement éco-responsable.

Ce texte a le mérite de poser, de manière claire, les mesures de protection du patrimoine naturel. Ainsi, Sont interdits la destruction, le démembrement, la dénaturation, l'exportation et le transfert de propriété illicites de tout ou partie des biens constitutifs du patrimoine national culturel et naturel. L'Etat peut, dans un souci de sauvegarde et de protection, exercer sur ces biens, différentes procédures : revendication, acquisition, expropriation pour cause d'utilité

---

[24] Ulrich Kevin Kianguebeni, *La protection du patrimoine culturel au Congo*, *Op, Cit*, p307

publique, inscription à l'inventaire, classement[25]. Aussi, il est prévu l'inscription à inventaire et le classement.

L'inscription à l'inventaire du patrimoine national consiste en l'enregistrement des biens culturels et naturels (meubles ou immeubles) appartenant à l'Etat, aux collectivités locales, aux associations ou à des personnes physiques ou morales qui, sans justifier d'une nécessité de classement immédiat, présentent un intérêt du point de vue de l'histoire, de l'art, de la science et de la technique pour exiger la préservation. L'inscription à l'inventaire est prononcée par un arrêté du ministre en charge de la culture. L'acte d'inscription à l'inventaire doit être notifié par l'autorité compétente au propriétaire, au détenteur ou à l'occupant du bien[26].

Le classement, quant à lui, est l'acte par lequel l'Etat déclare l'intérêt particulier des biens publics ou privés déjà inventoriés. Peut être proposé pour le classement, tout bien meuble ou immeuble répondant aux critères définis aux articles 2, 3 et 4 de la présente loi. La procédure de classement peut être engagée soit sur l'initiative de l'Etat, soit sur la demande du propriétaire, du détenteur ou de l'occupant du bien, personne physique ou morale, après avis de la commission nationale du patrimoine national culturel et naturel.

Enfin ce texte fixe les sanctions en cas de contraventions, les auteurs qui agissent en violation des dispositions prévues par cette loi sont punis d'une amende allant de 15.000 à 20.000 francs CFA. Ainsi, sont considérés comme délits : tout déplacement non autorisé d'objet du patrimoine national culturel et naturel ;le placement d'affiches, panneaux publicitaires ou autres corps étrangers dans les sites et les monuments inventoriés ainsi que dans leur champ de visibilité ; l'affectation nouvelle sans autorisation ; le placement d'affiches, panneaux publicitaires ou autres corps étrangers dans les sites et les monuments inventoriés ainsi que dans leur champ de visibilité ; l'affectation nouvelle sans autorisation[27].

C – La Loi n° 37-2008 sur la faune et les aires protégées

Cette loi fixe les principes fondamentaux et les conditions générales de conservation et de gestion durable de la faune, des habitats et des écosystèmes dont elle dépend ». Elle définit les différents types d'Aires Protégées du Congo (article 6) et en rappelle les règles de gestion propre (articles 12 à 16). Les aires protégées du Congo se déclinent en 6 principaux types : les parcs nationaux, les

---

[25] Articles 6 et 7
[26] Articles 8 et 9
[27]Articles 67 à 69 de la présente loi

réserves naturelles intégrales, les réserves de faune, les réserves communautaires, les réserves spéciales ou sanctuaire de faune et les zones d'intérêt cynégétiques.

Cette loi fixe également :

- les conditions de création des aires protégées et les règles d'utilisation des ressources naturelles relatives aux différents types d'aires protégées ;
- les principes de gestion, de gouvernance et de planification des aires protégées ;
- les règles de circulation et de détention de produits issus de la faune sauvage les règles liées aux activités cynégétiques, au tourisme de vision et à l'écotourisme ;
- les taxes et redevances s'appliquant dans les aires protégées ;
- le fonctionnement de l'administration de la faune et des aires protégées, assujettie au ministère des Eaux et Forêts ;
- le statut des agents habilités à faire appliquer la loi dans les aires protégées les modalités de sanction, transaction, saisie en cas d'infraction.

En d'autres termes, cette loi, après avoir fixé les principes fondamentaux, définie les conditions générales de conservation et de gestion durable de la faune, des habitats et écosystèmes dont elle dépend. Les populations, les collectivités territoriales, les opérateurs privés, les associations et organisations non gouvernementales contribuent à la gestion durable de la faune. Tous les moyens d'information et de formation appropriés seront utilisés à l'effet de généraliser l'éducation environnementale pour tous. Les mesures de conservation de la faune comprennent la création des aires protégées, le classement des animaux sauvages, l'interdiction de la circulation et de la détention des produits de la faune sauvage. La loi réglemente les activités cynégétiques et vise à promouvoir le tourisme de vision et l'éco-tourisme.

Ainsi, dans le but de susciter et de renforcer l'intérêt des citoyens pour la faune, la création d'associations spécialisées est encouragée aux niveaux national, départemental et local. Ces associations sont des organes consultatifs pour l'élaboration de la politique de gestion de la faune. Pour permettre à la population de prendre conscience de l'importance de la faune et de l'inciter à contribuer à sa pérennisation, des cours d'éducation environnementale sont dispensés à tous les niveaux d'enseignement public et privé[28].

---

[28] Article 4

Avec cette loi, le Congo s'est engagé dans un processus de classement des aires protégées et des réserves naturelles. Ainsi, le pays a procédé en 2017 à la création de dix-sept aires protégées dans le cadre de la politique de développement durable qui souhaite faire de 13% de son territoire national un patrimoine protégé et préservé pour les générations futures. La création d'aires protégées est fondée sur une philosophie dont le but initial est d'éviter toute intervention humaine dans certaines zones à caractère pittoresque et de grande beauté naturelle. En termes de beauté, la nature a gâté le bassin du Congo en le dotant de la plus grande forêt tropicale humide de la planète après l'Amazonie.

Au Congo les aires protégées couvrent 13% du territoire national et permettent de préserver les espèces fauniques et florales contre les activités illicites comme le braconnage et la décimation d'essences forestières. Leur intérêt est de plus en plus avéré alors qu'on parle de la gestion durable des espèces. Les aires protégées apportent une contribution importante en termes de valorisation économique à travers l'écotourisme cynégétique qui permet d'accroître la part du secteur forestier dans les recettes publiques.

Ces aires protégées s'étendant sur une superficie de 4.353.500 hectares. Elles jouent un rôle proéminent en matière de conservation et de préservation des écosystèmes forestiers[29]. On y trouve des parcs nationaux (Odzala-Kokoua, Nouabalé-Ndoki, Conkouati Douli et Ntokou Pikounda), des réserves de faune (Léfini, Mont Fouari, Nyanga-Nord et Tsoulou) et de forêt (Patte d'oie), une zone d'intérêt cynégétique (Yengo-Mouali), une réserve communautaire (Lac-Télé), des domaines de chasse (Mont Mavounmbou, Nyanga Sud), une réserve de la biosphère (Dimonika), des sanctuaires de faune (réserve naturelle des gorilles Lesio-Louna, le sanctuaire des gorilles Lossi, Tchimpounga).

Situé entre les départements de la Cuvette-ouest et de la Sangha, le parc national d'Odzala-Kokoua couvre une superficie de 1.354.600 hectares. C'est le point de brassage de nombreuses espèces fauniques qui y sont attirées par la présence des salines. Ce parc est aussi réputé par la présence très remarquée des gorilles écumant le sanctuaire de Lossi.

Le parc national Nouabalé-Ndoki se trouve entre les départements de la Sangha et de la Likouala, tout en appartenant au Tri national de la Sangha avec deux autres parcs nationaux voisins du Cameroun et de la République centrafricaine (RCA).

---

[29] Germaine Mapanga, Congo : Dix-sept aires protégées de plus, https://lesechos-congobrazza.com, consulté le 26 décembre 2020

Le Tri national de la Sangha fait partie des sites retenus sur la prestigieuse liste du patrimoine mondial, dressée par l'Organisation des Nations unies pour l'éducation, la science et la culture (UNESCO)[30].

Les aires protégées participent beaucoup dans la lutte contre les activités forestières illicites comme le braconnage et l'abattage sauvage des arbres. Les patrouilles régulières des éco-gardes dans les parcs nationaux permettent de dissuader les braconniers, dont l'activité illégale se concentre en dehors des concessions protégées. Une avancée majeure du droit congolais de l'environnement.

Il convient de préciser que les textes d'application relatifs à cette loi sont en cours de validation.

Cette loi relativement récente est le point central du cadre légal de la gestion des aires protégées au Congo, mais n'est ainsi pas encore pourvue de l'arsenal de textes exécutifs (décrets) qui permettront de l'appliquer sur le terrain.

D – La Loi n°16-2000 du 20 novembre 2000 portant code forestier

Au cours de ces dernières années, on a assisté à l'émergence de nouvelles préoccupations quant à la gestion des forêts, préoccupations liées aux changements climatiques, à la lutte contre l'exploitation illégale, à la conservation de la biodiversité, au développement des énergies renouvelables, à l'intégration de la foresterie au développement local ainsi qu'à l'évolution des techniques et du dialogue international sur les forêts.

Ainsi, l'aménagement durable et la certification des concessions forestières sont devenus une priorité majeure dans l'exploitation des ressources forestières au Congo, partagée par toutes les parties prenantes, aussi bien le secteur public, le secteur privé, la société civile que par les communautés locales et les populations autochtones. En outre, les processus APV[31] et REDD+[32] au Congo confirment encore la volonté du pays d'impliquer davantage l'ensemble des acteurs concernés dans l'évolution de la filière forêt-bois congolaise. Dans cette même dynamique, le Congo a également signé une lettre d'intention avec l'Initiative pour la Forêt de l'Afrique Centrale (CAFI) en septembre 2019.

C'est dans ce contexte que la révision de la nouvelle loi forestière a été initiée dès 2013, et a depuis lors fait l'objet de nombreuses relectures afin de prendre

---

[30] Christian Brice Elion, *Congo : dix-sept aires protégées pour une gestion durable des espèces*, ADIAC 4 Janvier 2017

[31] Accord de partenariat volontaire

[32] Ces processus comprennent des négociations bilatérales entre l'UE et le pays exportateur de bois, et des négociations nationales au sein des groupements d'acteurs et entre ceux-ci, dans le pays exportateur de bois.

en compte certaines thématiques émergentes telles que la transformation locale plus poussée du bois, l'amélioration de la gouvernance et de la transparence, la lutte contre la déforestation, une meilleure prise en compte des communautés locales, l'approvisionnement du marché local en bois ou encore une meilleure utilisation et une augmentation en volume des ressources forestières par l'introduction d'un régime de partage de production, tout en visant une optimisation des recettes forestières[33].

Institué par la Loi n°16-2000 du 20 novembre 2000, ce code est le principal outil de protection des forêts congolaises. Il se fixe ainsi les objectifs suivants :

- instituer un cadre juridique approprié pour assurer la gestion durable des forêts sur la base d'un aménagement rationnel des ressources ;
- définir le domaine forestier national et déterminer les critères et les normes d'organisation et de gestion concertée et participative, concilier l'exploitation des produits forestiers avec les exigences de la conservation du patrimoine forestier et de la diversité biologique en vue d'un développement durable[34].

De façon générale, cette nouvelle loi forestière, par rapport à l'ancienne loi, précise certains concepts, et en introduit de nouveaux, notamment sur la certification, la vérification de la légalité, la prise en compte des communautés riveraines, la déforestation et le reboisement, la lutte contre le changement climatique, les crédits carbones, etc.

En République du Congo, les ressources naturelles, en particulier les forêts, constituent la propriété de l'Etat, conformément à la Constitution du 2015. Toutefois, l'Etat confie aux opérateurs privés le droit de conduire des activités d'exploitation forestière. En outre, la législation forestière distingue le domaine forestier de l'Etat du domaine forestier des personnes privées. En pratique, le rôle de l'Etat porte principalement sur la définition de la politique forestière, sur la gestion et la conservation des forêts[35].

Le Code forestier congolais distingue quatre (4) titres d'exploitation pouvant être attribués à des sociétés privées à des fins d'exploitation forestière : les conventions de transformation industrielle, les conventions d'aménagement et

---

[33] https://www.fair-and-precious.org/fr/news/214/republique-du-congo-le-nouveau-code-forestier-promulgue, consulté le 26 décembre 2020

[34] Article premier du code forestier du 20 novembre 2000

[35] Emery Mukendi Wafwana &Associates, La législation forestière en République du Congo, in Lexology, Url : http://www.lexology.com/library/detail.aspx?g=b221171f-cc7f-4af0-908d-d92b5a43f5ee, consulté le 22 août 2014

de transformation, les permis de coupe des bois de plantations et les permis spéciaux[36].

Ces titres d'exploitation confèrent à leurs titulaires le droit de prélever des quantités limitatives des produits forestiers. Ils ne peuvent être attribués qu'aux sociétés de droit congolais. Les sociétés privées étrangères qui souhaitent mener des activités forestières au Congo-Brazzaville doivent donc constituer des filiales de droit congolais. En outre, les entreprises forestières à capitaux étrangers sont tenues d'ouvrir leur capital social aux citoyens congolais[37].

Ainsi, la gestion durable des forêts associe deux sens majeurs : le premier est le sens « durable » qui correspond désormais à la concrétisation de la volonté politique des État dans la gestion de leurs forêts. Le second est le sens « gestion » qui traduit effectivement le passage de l'action passive à l'action active à travers des investissements dans les initiatives et projets de conservation de la nature, de l'environnement et de la forêt.

Le code forestier congolais a donc le mérite de définir des mesures phares ayant un impact sur la filière forêt-bois. Parmi ces mesures on peut citer :

- L'introduction du principe de régime de partage de production (articles 102 et suivants), c'est-à-dire l'obligation pour les entreprises de livrer des quantités physiques de grumes à l'État. Cette disposition, qui suscite beaucoup d'interrogations, sera définie au travers d'une loi qui déterminera les modalités de ce régime, à l'issue d'une étude qui devrait être lancée dès l'adoption de ce projet de loi par le Parlement.
- L'obligation pour les entreprises forestières de « certifier la gestion de leurs concessions aménagées ou la légalité des produits qui y sont exploités et transformés » (article 72). La loi mentionne également la possibilité d'une reconnaissance de la certification pour la vérification de la légalité (article 65) et la mise en place d'un système national de certification forestière (article 70).
- L'introduction de l'aménagement simplifié pour les unités forestières d'aménagement de superficie moyenne (article 77).
- L'obligation de transformer essentiellement les produits forestiers sur le territoire national, induisant une interdiction d'exporter les grumes, à l'exception des « grumes des espèces de bois lourd et dur dont l'usinage fait appel à une technologie spécifique » (article 97) ;

---

[36] Article 65 du code forestier congolais.
[37] Article 66 du même code.

- L'introduction de la convention de valorisation de bois de plantation (article 118).
- L'introduction de deux nouvelles taxes : la taxe d'occupation et la taxe de résidus (articles 110 et suivants).

Cette loi succède à la Loi n°16-2000 du 20 novembre 2000 portant sur le Code forestier, modifiée par la loi n°14-2009 du 30 décembre 2009[38].

Grâce donc à ce code, on assiste à une interdiction d'abattage sinon à déboisement règlementé des forêts qui constituent à la fois le patrimoine naturel et culturel.

E– La loi n° 13-2003 du 10 avril 2003 portant code de l'eau

Ce code relève de la loi n° 13-2003 du 10 avril 2003. Adopté en 2003, il est le principal document de la stratégie nationale. Il comprend les dispositions suivantes :

- Recentrage du rôle de l'Etat sur la définition de la politique de développement, la planification et la régulation sectorielle ;
- Délégation du service public de l'eau à une ou plusieurs personnes morales de droit privé, sous forme de concession d'affermage ou de régie;
- Mise en place d'un organe de régulation pour le suivi et le contrôle des activités des délégataires ;
- Institution d'un fonds national de développement du secteur de l'eau.

Il détermine la politique nationale de l'eau et a pour objet de :

- D'assurer une utilisation rationnelle de la ressource en eau afin de répondre aux besoins en eau des usagers sur l'ensemble du territoire de la République dans des conditions de quantité et de prix satisfaisantes ;
- Prévenir les effets nuisibles de l'eau et lutter contre la pollution de l'eau.

Le Code est complété par des textes législatifs portant notamment sur le transfert de compétences de l'Etat aux collectivités locales et sur la détermination du patrimoine des collectivités. Ainsi, au titre de son article 2, le Code de l'eau « *a pour objet la mise en œuvre d'une politique nationale de l'eau visant à : assurer une utilisation rationnelle de la ressource en eau afin de répondre aux besoins en eau des usagers sur l'ensemble du territoire de la République dans des conditions de quantité et de prix satisfaisants ; de prévenir les effets nuisibles de l'eau ; de lutter contre la pollution de l'eau* ». Le Code de l'eau couvre donc

---

[38]https://www.fair-and-precious.org/fr/news/214/republique-du-congo-le-nouveau-code-forestier-promulgue, consulté le 26 décembre 2020

principalement les régimes juridiques de l'eau potable en milieux urbain et rural et de l'eau comme facteur de risque.

De manière spécifique, la réglementation relative à la navigation sur les eaux est élaborée par le ministère en charge de l'eau de concert avec les ministères chargés des transports et de l'aménagement du territoire ; la réglementation relative à l'utilisation de l'eau à des fins agricoles et pour l'abreuvement du cheptel est élaborée par le ministère en charge de l'eau de concert avec les ministères chargés de l'agriculture et de l'élevage, ainsi que de l'aménagement du territoire; celle relative à la conservation des eaux pour le développement des ressources halieutiques est élaborée par le ministère en charge de l'eau de concert avec les ministères chargé de la pêche et de l'aménagement du territoire; et la réglementation relative à l'utilisation de l'eau à des fins énergétiques l'est par le ministère en charge de l'eau de concert avec les ministères chargés de l'électricité et de l'aménagement du territoire[39].

Dans les faits, le code de l'eau pose des obligations environnementales à son article 10 qui dispose : « *la préservation de l'équilibre des écosystèmes est prise en compte dans l'utilisation du domaine public hydraulique* ». *L'exploitation des ressources en eau est effectuée de manière à éviter tous dommages à l'environnement naturel. Les entreprises exerçant les activités de travaux et de prestations de services dans le secteur de l'eau doivent en particulier respecter la réglementation sur les installations classées et veiller de façon générale à l'application des dispositions concernant la protection de l'environnement* ».

En outre, la lutte contre la pollution de l'eau apparaît comme un axe majeur de la politique nationale de l'eau. Toute exploitation de l'eau potable est ainsi soumise au respect des normes de qualité. Pour assurer la protection de l'eau destinée à la consommation humaine, le Code de l'eau prévoit l'établissement des périmètres de protection immédiat, rapproché et éloigné. Ceux-ci peuvent être instaurés autour des sites souterrains de captage d'eau, des sites superficiels de captage, des canaux à ciel ouvert, des dérivations d'eau et de certaines parties des cours d'eau. Il peut être notamment institué un périmètre de protection immédiat autour des réservoirs enterrés ou semi-enterrés des stations de traitement ou de pompage d'eau destinée à la consommation humaine[40].

Pour ce qui est de la lutte contre les inondations, il est dit que l'Etat est responsable de la réalisation ct de l'entretien sur le réseau hydrographique des ouvrages de régulation, de bonification, de calibrage, d'endiguement et

---

[39] Sancy Lenoble Matschinga, *La législation sur l'eau en République du Congo*, EMWA, juin 2014, p1-2
[40] Articles 27 à 31 du Code de l'eau

d'écrêtement des crues en vue d'assurer la protection de l'économie national ainsi que celle des personnes ct de leurs biens contre les risques de dégâts causés par les eaux.

L'Etat peut déléguer ces missions à des opérateurs privés.

L'article 38 de ce code précise, à cet effet, que : « *pour lutter contre les inondations et atténuer leurs effets néfastes, les services du ministère charge de l'eau sont autorisés à procéder, moyennant indemnisation, s'il y a lieu à la modification ou à la démolition de tout ouvrage susceptible de faire obstacle à l'écoulement des eaux ; à la construction de digues ou de tout ouvrage de protection* ».

Aussi, la lutte contre la pollution de l'eau apparaît comme un axe majeur de la politique nationale de l'eau. Toute exploitation de l'eau potable est ainsi soumise au respect des normes de qualité. Pour assurer la protection de l'eau destinée à la consommation humaine, le Code de l'eau prévoit l'établissement des périmètres de protection immédiat, rapproché et éloigné. Ceux-ci peuvent être instaurés autour des sites souterrains de captage d'eau, des sites superficiels de captage, des canaux à ciel ouvert, des dérivations d'eau et de certaines parties des cours d'eau. Il peut être notamment institué un périmètre de protection immédiat autour des réservoirs enterrés ou semi-enterrés des stations de traitement ou de pompage d'eau destinée à la consommation humaine[41].

Pour ce qui est dispositions pénales, les infractions prévues dans le présent code sont constatées par procès-verbaux émanant des officiers de police judiciaire ou des agents vises aux articles 15 et 55. Elles sont poursuivies par le ministère public devant le tribunal compétent du lieu de l'infraction. En cas de récidive, il est fait application, selon le cas, des articles 58 ou 485 du Code pénal.

F– La Loi n°4-2005 du 11 avril 2005 sur le code minier

Le droit minier, généralement résumé dans un « code minier », est défini comme l'ensemble des règles régissant l'exploitation du sous-sol. La codification c du droit minier, tend à étudier l'articulation du droit minier et du droit de l'environnement et la manière de faire évoluer le droit minier dans le sens d'une meilleure information et participation du public et d'une évaluation environnementale renforcée. L'objet du rapport ne porte pas sur la réforme du droit minier dans son entier et notamment sur les questions de propriété du sous-sol, de responsabilité de l'exploitant ou de procédures de mise en concurrence.

---

[41] Articles 27 à 31 du Code de l'eau

Arnaud Gossement estime que cette codification renforcer l'évaluation environnementale des projets au moyen du recours plus fréquent à l'étude d'impact et ce, dès l'instruction d'un permis exclusif de recherches. L'intégration de la notion d'« *évaluation environnementale stratégique* » en droit interne est proposée. Il va plus loin en affirmant que la prise de la décision elle-même doit être modifiée. Notamment, la protection de l'environnement, la prévention des risques écologiques et sanitaires doivent être plus expressément et systématiquement inscrits au nombre des critères d'attribution des titres miniers et des autorisations de travaux miniers[42].

Le secteur minier en République du Congo est essentiellement régi par la loi n° 4-2005 du 11 avril 2005 portant Code minier. Ce code traite essentiellement du droit minier qui se définit comme l'ensemble ses règles régissant l'exploitation du sous-sol. Il est envisagé selon trois grandes conceptions :

- le droit du propriétaire du sol selon lequel le propriétaire de la surface est propriétaire du tréfonds. Ce dernier est l'accessoire du premier. C'est le système en vigueur aux États-Unis, mais il connaît de nombreuses atteintes.
- Le droit de l'inventeur : la mine appartient à celui qui la découvre. C'est le système prussien de 1865, repris, pour une large partie, par le système français qui a lui-même inspiré le droit minier congolais.
- Le droit de l'État qui implique le régime de la domanialité publique selon lequel les gisements sont la propriété de l'État et font partie de son domaine.

La recherche et l'exploitation de ces richesses nationales font l'objet de contrats passés avec l'État ; c'est à lui d'en attribuer l'usage et d'en fixer les conditions d'exploitation. C'est le système français[43] qui a largement inspiré le système congolais en la matière. En effet, le droit minier congolais prévoit que : « *les substances minérales visées aux articles 3 et 4, contenues dans le sol et le sous-sol de la République du Congo, y compris dans les parties du territoire national couvertes par les eaux territoriales et maritimes, constituent le patrimoine minier national* ».

D'autre part, le droit minier exige que la réhabilitation de la surface des sols ou autres espaces attenants aux mines ou gisements, dont l'intégrité a été atteinte, de manière substantielle, du fait des travaux de recherches ou d'exploitation des mines et des carrières soit assurée par le titulaire du titre minier. Il convient de

---

[42] Arnaud Gossement, *Droit minier et droit de l'environnement*, Rapport, 2011, p6
[43] Michel Celccaldi, *Le pétrole – Aspect juridique*, DEA des Sciences Juridiques de la Mer, Université de Nantes, p2.

rappeler que le patrimoine minier se situe à l'interface du milieu naturel et de l'espace organisé par l'homme. Les mines font partie intégrante du patrimoine archéologique[44]. Ainsi dans l'hypothèse où un site dispose de gisement minier, ce code pose des conditions de son exploitation pour ne pas en altérer l'authenticité et l'intégrité. Une contribution à la protection du patrimoine naturel par le code minier introduite en 2005.

Il est important de préciser que le Code minier permet de mener des travaux d'exploration à condition que l'entreprise possède un permis exclusif de recherches, une autorisation de prospections préalables (en mer) ou une autorisation de recherches de gîtes géothermiques. Il permet d'exploiter une mine à condition d'obtenir une concession, et ce, même en l'absence de l'autorisation du propriétaire du sol. Dans ce même sens, afin de mieux encadrer les exploitations minières, ce code institue des permis de recherches minières délivrés par décret pris en Conseil des Ministres sur le rapport du Ministre chargé des mines. Le permis de recherches minières confère à son titulaire, dans les limites de son périmètre et indéfiniment en profondeur, le droit exclusif de prospection et de recherches de substances pour lesquelles il est délivré. Le permis porte sur une surface ne pouvant excéder 2.000 km carrés pour les formations sédimentaires et 1.000 km carrés pour les autres formations. Si le permis empiète sur une surface interdite ou couverte par un titre antérieur de recherches ou d'exploitation, pour les mêmes substances minérales, la surface est réduite d'autant[45].

Outre, le permis de recherches minières, ce code instaure des titres miniers qui génèrent des droits à leurs propriétaires. A ce propos, l'article 15 dispose « les *titres miniers pour les substances minérales ou fossiles visées à l'article 3 ci-dessus comprennent : l'autorisation de prospection, le permis de recherches, l'autorisation d'exploitation artisanale, l'autorisation d'exploitation industrielle, le permis d'exploitation, les autorisations de détention, de circulation et de transformation des substances minérales précieuses* ». Ces titres miniers confèrent des droits à leurs titulaires tels que prévus dans la présente loi et les différents textes en vigueur.

 L'octroi des titres miniers crée, au profit des titulaires, des droits immobiliers non susceptibles d'hypothèque.   Les droits miniers, même au profit des propriétaires de la surface, constituent des droits distincts de la propriété de la surface.

---

[44] Denis Morin, La protection des anciennes mines en France. Contribution à la protection du patrimoine culturel et naturel, in *Législation et jurisprudences* - CPEPESC - ERMINA 15/10/2011, p4
[45] Articles 26 et 27

En matière de mines, le titre minier attribue un droit mais ne donne pas pour autant autorisation d'exploiter. Cette autorisation est délivrée sous forme d'arrêtés préfectoraux d'ouverture des travaux, après que les services se sont assurés que l'exploitant entend respecter les biens (en particulier ceux d'autrui dans le cas de potentiels dégâts de surface) et des personnes (en particulier des mineurs, dans le cadre du Règlement général des industries extractives - RGIE). Toute modification importante de l'exploitation doit ainsi faire l'objet d'autorisation. Les ingénieurs du Service des mines sont chargés d'effectuer ce travail d'enquête (police des mines). Ils assurent également l'inspection du travail. Plus concrètement, L'autorisation de prospection des substances minérales ou fossiles est délivrée par arrêté du Ministre chargé des mines. L'autorisation de prospection confère à son titulaire, concurremment avec les autres titulaires d'autorisations de prospection simultanément valables pour les mêmes substances et dans les mêmes zones, le droit d'entreprendre les travaux de prospection[46].

Pour ce qui est des infractions, l'article 174 du code minier dispose « en cas de violation à la présente loi ou des règlements pris pour son application, les agents assermentés, les officiers de police judiciaire et les agents d'autres services compétents doivent, en cas d'urgence ou de flagrant délit, arrêter le ou les auteurs de ces infractions et les conduire au parquet compétent avec, y a lieu, les objets saisis. Ainsi, est puni d'une peine d'emprisonnement de trois mois à cinq ans et d'une amende de 2.000.000 à 10.000.000 FCFA ou de l'une de ces deux peines, quiconque :

- ouvre des travaux de recherches ou d'exploitation des mines ou des carrières sans justifier de titres miniers y relatifs et de l'autorisation prévue à l'article 135 ci-dessus ;
- procède à des travaux de recherches ou d'exploitation d'une mine ou d'une carrière sans se conformer aux mesures prescrites par l'autorité administrative des mines dans les conditions prévues aux articles 132 et 134 de la présente loi ;
- ne déclare pas, dans les délais, la fin des travaux ou l'arrêt de toutes les installations, ainsi que les mesures envisagées comme il est dit à l'article 136 ;
- enfreint celles des obligations prévues par les décrets pris en application de l'article 142, qui ont pour objet d'assurer la sécurité ou l'hygiène du personnel occupé dans les mines ou les carrières, la sécurité et la salubrité publique ;

---

[46] Articles 18, 19

- s'oppose à la réalisation des mesures prescrites en application de l'article 137 et refuse d'obtempérer aux réquisitions prévues par les articles 136 et 139.

G – La Loi n° 48/83 du 21 avril 1983 définissant les Conditions de la Conservation et de l'Exploitation de fa Faune Sauvage

L'impact de la faune sauvage sur l'environnement est considérable et revêt des formes très diverses. De plus, l'homme, en transformant les milieux naturels, a indirectement modifié certains des liens existants entre les animaux et leur environnement. Ces liens sont multiples. Ils sont constitués essentiellement par les chaînes alimentaires, qui associent les animaux soit aux végétaux dans le cas des déprédateurs (herbivores, fructivores, granivores), soit à d'autres animaux dans le cas des prédateurs, et qui déterminent un équilibre des populations dans leur habitat[47].

Selon James Kirchner (géologue à l'université de Berkeley) et Anne Weil (anthropologue à l'université de Duke), les extinctions causées par l'homme vont faire diminuer la biodiversité pour des millions d'années à venir[48]. Selon les mêmes sources, l'homme a déjà fait disparaître 151 espèces de vertébrés supérieurs au cours des 400 dernières années. En principe les experts estiment qu'il ne disparaît au cours des âges géologiques qu'une espèce de vertébré tous les 50 à 100 ans. Or au cours des quatre derniers siècles, la vitesse d'extinction a atteint la moyenne d'une espèce tous les 2,7 ans, soit une vitesse 20 fois supérieure à celle des rythmes d'extinction passés6. Selon les données publiées par l'Union Internationale pour la Conservation de la Nature (UICN) en 2008, 16 928 espèces étaient menacées d'extinction dans le monde soit 38% des 44 838 espèces récences par la liste[49].

Pour faire face à ce fléau, le droit congolais de l'environnement a renforcé sa législation avec la loi n° 48/83 du 21 avril 1983 définissant les Conditions de la Conservation et de l'Exploitation de fa Faune Sauvage. A ce titre, l'ensemble des animaux sauvages susceptibles de provoquer un intérêt touristique ou susceptibles d'être exploités pour leur viande, leur peau, leurs plumes ou leurs trophées, appartiennent à l'Etat et sont régis par les dispositions de la présente loi. Cette loi fait de la protection de la faune sauvage un enjeu national. Dans

---

[47] Jean Dorst, *Impact de la faune sauvage sur l'environnement,* Rev. sci. tech. Off. int. Epiz., 1991, 10 (3), 557-576
[48] Cité par Yann Prisner-Levyne *La protection de la faune sauvage terrestre en droit international public*, Thèse de Droit international public, Université Paris I, 2017, 446 pages.
[49] Michel Durousseau, « Biodiversité et Evolution du Droit de la Protection de la Nature : Réflexion Prospective, le Constat : La biodiversité est en Crise », *RJE*, Edition Spéciale : 2008, pp34-36

cette logique, ce code prévoit deux formes d'exploitation de la faune sauvage : le tourisme de vision, la chasse.

Est considéré comme tourisme de vision au sens de la présente loi, toute action à observer à pieds ou en véhicule la faune sauvage ou guider des expéditions en vue de sa chasse. Est qualifié acte de chasse tout acte de nature tendant à capturer ou tuer pour s'approprier ou non tout ou partie de son trophée ou de sa dépouille, un animal sauvage vivant en liberté appartenant à l'une des catégories désignées à l'article 2. Est qualifiée capture tout acte de toute nature tendant à priver de la liberté un animal sauvage désigné à l'article 2 ou à récolter hors de leur lieu d'éclosion des œufs d'oiseaux ou des reptiles[50].

Le renforcement de la protection de la faune sauvage s'illustre aussi par une délégation importante de pouvoirs à l'administration des eaux et forêts qui est chargée de faire respecter les dispositions de la présente loi. En effet, il lui est accordé le pouvoir de délivrer les permis et licences d'exploitation dans les conditions prévues par le droit. Ainsi, pour l'ensemble de tous les permis et licences la chasse est interdite dans les réserves telles que définies au décret d'application sauf les cas d'exception prévus dans l'acte les créant. La chasse est également interdite dans les périmètres urbains et ne peut s'exercer sur les terrains concédés qu'avec le consentement des ayants droits.

Cependant, l'administration des eaux et forêts peut, pour des raisons d'ordre public, refuser la délivrance d'un permis ou d'une licence :

- A tout individu majeur qui n'est point personnellement inscrit au rôle des contributions ;
- A tout individu qui, par une condamnation judiciaire a été privé de l'un ou de plusieurs droits énumérés à l'article 42 du code pénal ;
- A toute personne condamnée à un emprisonnement de plus de six mois pour rébellion ou violence envers les agents de l'autorité publique ;
- A toute personne condamnée pour délit d'association illicite ou de malfaiteurs, de fabrication et de distribution d'armes, de poudre et autres munitions de guerre, de menaces verbales avec ordre ou sous condition ;
- A ceux qui ont été condamnés pour vagabondage, vol, escroquerie ou abus de confiance.

Le permis de chasse ou la licence pourrait également être refusé : à ceux qui n'ont pas exécuté les condamnations prononcées contre eux pour l'un des délits

---

[50] Articles 4, 5, 6

ci-dessus spécifiés ; à tout condamné en état d'interdiction de séjour ; aux alcooliques dangereux pour autrui ; aux mineurs[51].

Ainsi sont fixées et déterminées les conditions de délivrance des permis de chasse.

Ces conditions entraînent un certain nombre de conséquences immédiates. Ainsi, hormis les serpents venimeux dont l'abattage en tout temps et en tout lieu est autorisé, aucun animal sauvage n'est déclaré nuisible sauf exception créée par décret. Si certains animaux sauvages protégés constituent un danger ou causent des dommages aux cultures ou aux biens des citoyens, ils seront après enquête et évaluation des dommages, éliminés ou éloignés des battues ou des chasses de destruction dans les conditions fixées par arrêté.

De manière générale, la protection de la faune sauvage est assurée grâce aux zones classées, à la limitation du nombre d'animaux autorisées à la chasse et l'interdiction de certains moyen et formes de chasse notamment (la chasse de nuit, la chasse au moyen du feu, la chasse avec des armes et munitions de guerre, la chasse avec des armes rayées d'un calibre inférieur de 6,5 millimètres de tous animaux sauvages autres que les oiseaux, rongeurs, damans, petits singes et carnivores non protégés), la chasse à l'éléphant avec des armes rayées ou lisses d'un calibre non autorisé et reconnu par la présente loi, la chasse avec des armes à feu susceptibles de tirer plus d'une cartouche ou balle sous une pression de la détente…

Pour préserver la tranquillité de la faune sauvage notamment aux époques de rut, de mise bas ou de nidification, pourront également être décidées par arrêté des périodes annuelles de fermetures de la chasse pour tout ou partie du territoire national.

Aussi, ce code prévoit une classification des infractions aux articles 48 et suivants. Ainsi, les infractions de la présente loi sont classées en deux catégories : les délits et les contraventions. Sont considérées comme délits au sens de la présente loi les infractions ci-après :

- toute chasse illicite d'animaux intégralement ou partiellement protégés ;
- l'utilisation d'un permis scientifique à des fins commerciales ;
- l'exercice du métier de guide de chasse sans licence ;
- la capture d'animaux sauvages et la détention de leurs produits sans permis scientifique ou licence ;

---

[51] Articles 8, 9, 10

- la chasse des crocodiles et varans sans licence de chasse aux crocodiles et varans ;
- le commerce des pointes d'ivoire et de peaux de crocodiles et varans sans patente.
- la chasse ou l'abattage d'un éléphant avec une arme rayée dont le calibre est inférieur à la limite reconnue par la loi ;
- l'incinération de la végétation, le défrichement, le piégeage ou toute autre activité non autorisée dans une réserve quelle qu'elle soit;
- la chasse dans une réserve ou dans un parc national[52].

D'autre part, sont considérées comme contravention au sens de la présente loi, les infractions ci-après :

- le défaut de déclaration d'abattage dans un délai de quinze jours sauf cas de force majeure, des abattages d'animaux sauvages soumis au paiement d'une taxe ;
- la chasse en dehors du territoire de validité du permis ;
- la chasse sans autorisation dans les terrains concédés ;
- la chasse d'animaux partiellement protégés avec des moyens traditionnels;
- le pâturage ou le passage du bétail dans les zones classées ;
- le dénichage des œufs;
- l'extraction ou le prélèvement de tout produit ou échantillon inclus dans les limites d'une aire classée.

Aux termes de ce texte loi, les infractions aux dispositions de la présente loi et de ses textes d'application sont constatées par procès-verbal par les agents de l'administration des eaux et forêts ou autres services habilités prévus à l'article 48 de la loi 004/74 du 4 janvier 1974. Dans le cadre de l'application de la présente loi les officiers de police judiciaire évoluant dans les postes de sécurité publique peuvent contrôler tous les produits de chasse et, en cas d'infraction, dresser procès-verbal dont l'original est adressé aux responsables des Eaux et Forêts pour des poursuites.

L'administration des Eaux et Forêts et des forces de l'ordre sont chargées d'opérer le recouvrement des amendes, restitutions et dommages et intérêts résultant des jugements et arrêts rendus pour délits et contravention prévus par la présente loi. La contrainte par corps sera de droit prononcée pour le recouvrement, des sommes dues par suite d'amendes, frais et restitutions.

---

[52] Article 49

Les agents des eaux et forêts recherchent et saisissent tous les produits de la chasse détenus vendus ou mis en circulation illicitement ainsi que tous les moyens de chasse illicites utilisés. Ils peuvent pénétrer dans les magasins, les boutiques, les restaurants et les dépôts pour y exercer leur surveillance.

Ils peuvent arrêter tous les véhicules et embarcations et procéder à leur visite.

Ils circulent librement dans les aéroports, les gares, les trains les quais et les navires. Ils peuvent pénétrer dans les maisons et enclos en présence de deux témoins[53].

H– La Loi n° 17-2000 portant régime de la propriété foncière

Selon la FAO, le régime foncier est le rapport, défini par la loi ou la coutume, qui existe entre des individus ou des groupes relativement aux terres. (Par souci de simplicité, le terme « terre », tel qu'utilisé ici, inclut aussi les autres ressources naturelles comme l'eau et les arbres.) C'est une institution, c'est-à-dire un ensemble de règles élaborées par une société pour régir le comportement de ses membres. Ces règles définissent la répartition des droits de propriété sur les terres, les modalités d'attribution des droits d'utilisation, de contrôle et de transfert des terres ainsi que les responsabilités et limitations correspondantes. Plus simplement, le régime foncier détermine qui peut utiliser quelles ressources pendant combien de temps et dans quelles conditions.

Le régime foncier est un élément important des structures sociales, politiques et économiques. Il est multidimensionnel puisqu'il fait entrer en jeu des facteurs sociaux, techniques, économiques, institutionnels, juridiques et politiques qui sont souvent négligés mais doivent être pris en considération. Les rapports régis par le régime foncier sont parfois clairement définis, et leur respect peut être assuré par un tribunal officiel ou les structures coutumières d'une société, mais il arrive aussi qu'ils soient relativement mal définis et entachés d'ambiguïtés que certains peuvent chercher à exploiter. Ainsi, le régime foncier est constitué d'un ensemble d'intérêts qui se recoupent, notamment :

-   Des intérêts prépondérants : lorsqu'une puissance souveraine (p. ex. une nation ou une collectivité) jouit du pouvoir d'attribuer des terres, de les exproprier, etc.).
-   Des intérêts se chevauchant : lorsque plusieurs parties jouissent de droits différents sur la même parcelle de terre (une partie peut détenir des droits d'affermage, une autre un droit de passage, etc.).

---

[53] Articles 50 à 53

- Des intérêts complémentaires : lorsque différentes parties partagent le même intérêt relativement à la même parcelle de terre (p. ex. lorsque des membres d'une même communauté possèdent en commun des droits sur les pâturages, etc.).
- Des intérêts concurrents : lorsque différentes parties revendiquent les mêmes intérêts relativement à la même parcelle (p. ex. lorsque deux parties revendiquent indépendamment le droit à l'utilisation exclusive d'une parcelle de terre agricole. Une telle situation peut être à l'origine de conflits fonciers.). [54].

Au Congo, la Loi n° 17-2000 portant régime de la propriété foncière abroge la Loi n° 52-83 portant Code domanial et foncier en République populaire du Congo. Ce Code domanial et foncier abrogé portait le statut juridique du sol. Basé sur les principes socialistes, il affirmait la propriété du peuple représenté par l'Etat sur la terre. L'Etat possédait la pleine et libre disposition du sol, du sous-sol et des ressources naturelles. Avec cette loi, la propriété privée n'existait que sur les mises en valeur du sol et sur les investissements. Au bout d'une certaine période, l'absence de mise en valeur justifiait un retour au domaine. Etaient aussi abolis les droits fonciers coutumiers.

Désormais, avec la loi n° 17-2000 portant régime de la propriété foncière, le foncier est caractérisé, non seulement, par la pluralité des acteurs, mais aussi par la diversité du droit applicable, selon qu'il s'agisse d'une gestion foncière coutumière ou d'une gestion foncière administrative.

La présente loi fixe la procédure de l'immatriculation de la propriété foncière. Cette procédure consiste dans l'établissement et l'enregistrement d'un titre de propriété appelé titre foncier. Par ailleurs, en ce qui concerne toute terre non immatriculée (vacante et sans maître, à moins que ne soit rapportée la preuve du contraire), elle prévoit la constatation et régime des droits coutumiers par une commission dont la composition est fixée par décret. On peut souvent caractériser les régimes fonciers comme suit :

- Régime privé : l'attribution de droits à une partie privée pouvant être un particulier, un couple marié, un groupe d'individus ou une entité constituée, comme une société commerciale ou une organisation à but non lucratif. Par exemple, au sein d'une collectivité, différentes familles peuvent jouir de droits exclusifs sur des parcelles résidentielles, des parcelles agricoles et certains arbres. D'autres membres de cette même

---

[54] http://www.fao.org/3/Y4307F/y4307f05.htm, consulté le 30 décembre 2020

collectivité peuvent être privés du droit d'utiliser ces ressources sans le consentement des détenteurs des droits.

- Régime communautaire : un droit communautaire peut exister au sein d'un groupe lorsque chaque membre de celui-ci a le droit d'utiliser de façon indépendante les biens détenus par la communauté, par exemple pour faire paître son bétail dans un pâturage collectif.
- Régime d'accès libre : aucun droit spécifique n'est attribué à personne, et personne ne peut être exclu. Un exemple typique est celui des étendues marines, l'accès à la haute mer étant généralement libre à tous ; cela peut s'appliquer également aux pâturages, aux forêts, etc., quand les ressources sont à la libre disposition de tous. (Une différence importante entre la liberté d'accès et un régime communautaire est que, dans ce dernier cas, les personnes n'appartenant pas à la communauté concernée ne sont pas autorisées à utiliser les terres mises en commun.)
- Régime public : les droits de propriété sont attribués à une entité du secteur public. Par exemple, dans certains pays, les terres forestières peuvent être régies par l'État, qu'il s'agisse du gouvernement central ou d'un niveau décentralisé de celui-ci[55].

Cette immatriculation donne à l'immeuble un nouveau point de départ et le débarrasse, par l'effet de la purge, de tous les droits réels et de toutes les charges foncières antérieures à l'immatriculation et qui ne sont pas révélés en temps utile. L'immatriculation d'un immeuble procure de multiples avantages pour le requérant car le droit de propriété est consacré d'une manière définitive et irrévocable. Elle permet de canaliser les travaux réalisés sur les fonds de terre par leurs propriétaires. Toute personne qui, de bonne foi ou en cas de négligence, n'a pas régularisé sa situation est punie d'une pénalité de retard égale à 25% des droits et frais présumés. Dans le même sens, toute personne qui, au mépris des dispositions de la présente loi n'a pas de mauvaise foi, régularise sa situation est punie d'une amende de 50 000 FCFA l'an sans préjudice du paiement du principal et se la pénalité de retard[56].

I - La loi n° 28-2016 du 12 octobre 2016 portant code des hydrocarbures

Cette loi met en exergue les mesures relatives à la discipline, la sécurité et la protection de l'environnement dans les activités de recherche, d'exploration, de stockage et de transport des hydrocarbures. Fort de ses deux cent quinze articles et dix titres, elle vient parachever la réforme du droit des hydrocarbures au

---

[55] *Ibid.*
[56] Articles 105 et 106

Congo opérée par la loi n°24-94 du 23 août 1994. Une réforme importante dans le domaine judiciaire et du monde des affaires puisqu'elle doit permettre l'exécution des contrats pétroliers. Plusieurs éléments nouveaux, en effet, sont introduits dans ce texte tel que souhaité par les chercheurs et les praticiens du secteur des hydrocarbures.

Dans les faits, ce code se fixe des objectifs qui se révèlent être plus approfondis que ceux contenu dans la loi n°24-94 du 23 août 1994. Ainsi donc le code des hydrocarbures se distingue du précédent sur trois grands objectifs majeurs :

- une définition plus précise du contenu local dans le secteur des hydrocarbures en République du Congo;
- une évolution de la notion de contenu local dans le secteur des hydrocarbures;
- une innovation du contenu local

Sur le premier objectif, la loi n° 28-2016 du 12 octobre 2016 définit le contenu local comme étant l'ensemble des activités axées sur le développement des capacités locales, l'utilisation des ressources humaines et matérielles locales, la formation et le développement des compétences locales, le transfert de technologie, l'utilisation des biens et services locaux et la création de valeurs additionnelles à l'économie locale mesurables.

Sur le second, il faut noter que la notion de contenu local est relativement récente dans le secteur extractif, au Congo. En effet, vers les années 1980, seul l'aspect des ressources humaines était pris en compte : il s'agissait de la « *congolisation* » des emplois au travers de la loi n° 22-88 du 17 septembre 1988 portant création de l'Office National de l'Emploi et de la Main-d'Œuvre (ONEMO). Il serait injuste de ne pas reconnaître que le contenu local, tel que nous le connaissons aujourd'hui, est parti de la volonté des sociétés évoluant dans le secteur des industries extractives et, particulièrement, dans le secteur pétrolier. En effet, il s'agissait, pour ces dernières, de se mettre en conformité avec leurs politiques internes mais également permettre le développement des PME-PMI. Il convient de noter, ici, que l'ancien code des hydrocarbures (loi n° 24-94 du 23 août 1994 portant code des hydrocarbures) ne prévoyait pas clairement les obligations de contenu local ainsi que des mécanismes de contrôle de l'application de la politique de contenu local. Les dispositions relatives au contenu local étaient donc renvoyées dans les différents contrats pétroliers. Cependant, il faut reconnaître que la situation socio-économique des pays producteurs des ressources naturelles a évolué. Ce qui a conduit à la rédaction du nouveau code des hydrocarbures en République du Congo.

Sur le troisième et dernier objectif, la loi n° 28-2016 du 12 octobre 2016 apporte des grandes innovations dans le secteur des hydrocarbures en matière de contenu local. Les articles 139 à 147 de ce code renforcent le dispositif réglementaire sur le contenu local. Les dispositions de ces articles sont conformes avec celles du projet de loi relatif à la promotion du secteur privé national. C'est cette dernière loi et ses textes d'application qui définissent de façon plus précise l'appui apporté par l'Etat aux sociétés privées nationales pour accéder aux marchés et contrats pétroliers[57].

A cet effet, le code minier dispose à son article premier : « la présente loi définit les régimes juridique, fiscal, douanier et de change applicables en République du Congo aux activités amont du secteur des hydrocarbures ainsi que les droits et obligations des contracteurs intervenant dans ce domaine, les règles de police et d'hygiène, de santé, de sécurité et d'environnement et de renforcement du contenu local auxquelles ils doivent se conformer ». Il rend obligatoire, en même temps, l'autorisation préalable de toute prospection et des titres miniers.

D'autre part, l'Etat peut entreprendre seul toute activité amont. Il peut également confier l'exercice de toute activité amont à la société nationale ou à une ou plusieurs personnes morales en partenariat avec la société nationale, dans les conditions prévues à l'article 23 de la présente loi. En conséquence, nul ne peut entreprendre une activité amont sur le territoire de la République du Congo s'il n'y a été préalablement autorisé par l'Etat dans le cadre soit d'une autorisation de prospection, soit d'un titre minier[58]. Il ressort de l'article 9 de ce code que les titres miniers sont attribués exclusivement à la société nationale. La société nationale, titulaire d'un titre minier, détient avec des tiers, personnes morales, des intérêts participatifs dans le contrat pétrolier y relatif. La société nationale et les sociétés qui détiennent un intérêt participatif dans le contrat pétrolier sont membres du contracteur.

Pour ce qui est des infractions et des sanctions, il est prévu que lorsqu'un contracteur ne satisfait pas aux engagements souscrits ou lorsqu'il cesse de remplir les conditions et obligations résultant de la présente loi et ses textes d'application, le retrait ou la suspension de l'autorisation de prospection, du permis d'exploration ou du permis d'exploitation peut être prononcé par arrêté du Ministre chargé des hydrocarbures pour les autorisations de prospection et par décret en Conseil des ministres, sur rapport du Ministre chargé des

---

[57] Ali Litho, Le Contenu Local dans le nouveau Code des hydrocarbures, Atelier de formation sur la gouvernance de la chaîne de valeur dans le secteur extractif : renforcement des capacités institutionnelles et humaines, 15-19 mai 2017, Auditorium du Ministère des affaires étrangères, Brazzaville, République du Congo
[58] Articles 7 et 8

hydrocarbures, pour les permis d'exploration ou permis d'exploitation[59]. Aussi, quiconque aura réalisé des opérations pétrolières sur le territoire de la République du Congo sans être titulaire d'une autorisation de prospection, d'un titre minier ou sans détenir des intérêts participatifs dans un contrat pétrolier sera puni d'une peine de trois mois à cinq ans d'emprisonnement et d'une amende de 100.000.000 à 3.000.000.000 FCFA, ou de l'une de ces deux peines seulement.

Sera puni d'une amende de 100.000.000 à 2.000.000.000 FCFA, tout contracteur qui aura réalisé des opérations d'exploration ou d'exploitation pétrolières en République du Congo en dehors des périmètres d'exploration ou d'exploitation afférents à un titre minier[60].

La conséquence majeure sur la protection de l'environnement est posée à l'article 204 qui dispose : « *quiconque se serait abstenu de réaliser les études environnementales et sociales selon la législation et la réglementation relatives à la protection de l'environnement ou à respecter les instructions relatives à la conduite des opérations pétrolières en application des dispositions de la présente loi et ses textes d'application, sera puni des mêmes peines que celles prévues à l'article 203 ci-dessus* ». Dans le même sens, quiconque aura réalisé des opérations d'exploration ou d'exploitation pétrolières en République du Congo sans avoir préalablement fait une déclaration de travaux et obtenu les autorisations requises encourt une amende de 50.000.000 à 1.000.000.000 FCFA[61].

Enfin, il faut noter qu'à côté de ces lois et codes, il existe des décrets qui ont été pris soit pour compléter, soit pour préciser les dispositions législatives. On peut citer, entre autres :

- **Le Décret n° 2009-415 du 20 novembre 2009 fixant le champ d'application, le contenu et les procédures de l'étude d'impact sur l'environnement et social** qui rend obligatoire une étude d'impact sur l'environnement, à annexer au dossier technique de demande d'autorisation pour la réalisation de tout projets d'ouvrage, travaux ou aménagements spécifiés dans la liste en annexe. De manière générale, ce texte fixe le champ d'application, le contenu et les procédures de l'étude d'impact sur l'environnement et social. Toute activité publique ou privée susceptible d'avoir des impacts significatifs directs ou indirects sur l'environnement est soumise à l'avis préalable du ministre en charge de

---

[59] Article 199
[60] Article 101
[61] Article 205

l'environnement, établi sur la base du rapport de l'étude ou de la notice d'impact sur l'environnement.

En effet, avec ce décret, la réalisation des évaluations environnementales des projets est une pratique qui prend de plus en plus d'ampleur d'année en année en conformité avec la législation nationale en vigueur et les politiques de sauvegardes environnementales et sociales des partenaires techniques et financiers. Malgré les difficultés et les contraintes signalées, la tendance est à l'amélioration et les défis à relever sont surmontables pourvu que les principaux acteurs (étatiques, privés, ONG et Associations) s'y engagent.

Le décret fixe la procédure à suivre pour l'effectuation de ces études et arrête, à l'annexe II, une liste indicative des critères à prendre en considération dans les études d'impact. Pour ce qui est de son champ d'application, son article 7 dispose : les activités publiques ou privées susceptibles d'avoir des impacts significatifs directs ou indirects sur l'environnement sont soumises à l'avis préalable du ministère en charge de l'environnement. Cet avis est établi sur la base du rapport de l'étude ou de la notice d'impact sur l'environnement.

Ce décret classe les projets en trois catégories qui ont des exigences différentes vis-à-vis de l'évaluation environnementale. Il fixe le champ d'application, le contenu et les procédures de l'étude d'impact sur l'environnement et social. Toute activité publique ou privée susceptible d'avoir des impacts significatifs directs ou indirects sur l'environnement est soumise à l'avis préalable du ministre en charge de l'environnement, établi sur la base du rapport de l'étude ou de la notice d'impact sur l'environnement. Ce décret fait une catégorisation des activités soumises à l'étude d'impact environnemental. Dans la Catégorie A on classe les activités à impact élevé, qui sont soumises à une étude d'impact sur l'environnement.

Dans la Catégorie B on a les activités à impact moyen, qui sont soumises à une notice d'impact sur l'environnement. Dans la Catégorie C on groupe les activités à impact faible, non soumises ni à une étude ni à une notice d'impact sur l'environnement. Cette catégorie comprend d'une part les projets entrepris à des fins domestiques ou artisanales et qui ne touchent pas les milieux sensibles ou qui n'ont pas de rejets dans l'environnement, et d'autre part les projets qui sont mis en œuvre en réaction à une situation d'urgence décrétée par les autorités nationales et qu'il est indispensable de réaliser.

- **Le Décret n°2002-437 du 31 décembre 2002 fixant les conditions de gestion et d'utilisation des forêts.** La forêt congolaise est une ressource qui subit beaucoup d'interventions des acteurs dont les activités relèvent de différents ministères. A cet effet, les pouvoirs publics ont réglementé ces interventions selon leur domaine de compétence par une série de textes juridiques dont le décret n°2002-437 du 31 décembre 2002 fixant les conditions de gestion et d'utilisation des forêts. Si l'analyse du cadre juridique de gestion forestière permet d'identifier un certain nombre d'atouts, des faiblesses importantes peuvent aussi être relevées. Aux termes de l'article 21 de ce texte, l'administration des eaux et forêts, sur la base d'enquêtes de terrain : les forêts de protection, de conservation, récréatives, expérimentales et les périmètres de reboisement.

Ce décret prévoit aussi des plans d'aménagement forestier pour une planification rationnelle de la gestion d'un massif forestier ou idéalement de parcelles homogènes ou cohérentes (dite « unité de gestion » pour le FSC) du point de vue biogéographique. L'aménagement est un outil stratégique qui n'a pas de modèle universel et qui doit être périodiquement mis à jour. Il est appliqué au cas par cas, selon le contexte et l'histoire du massif. Il est clair que ce décret vient préciser et compléter le code forestier. Depuis son entrée en vigueur, toutes les concessions ont des plans d'aménagement déposés auprès de l'administration forestière. Ces plans sont effectivement mis en œuvre et disposent ou s'acheminent vers une certification de légalité ou de gestion durable des forêts. A travers ce texte, le gouvernement rappelle solennellement à tous les opérateurs économiques que l'aménagement est une condition sine qua non pour l'obtention d'une concession forestière.

L'absence de plan d'aménagement ou sa non mise en œuvre sur le terrain signifie que le concessionnaire rompt de facto les clauses contractuelles de l'accord de concession. Grâce à lui, le Congo favorise le développement d'un système national de certification adossé à un standard international reconnu, afin que les entreprises puissent disposer d'une alternative en matière de certification ou opter pour une double certification. Ainsi, la formation d'un vivier d'auditeurs nationaux maîtrisant les standards du système national de certification permet de faire baisser les coûts des audits pour les entreprises de dimension intermédiaire[62].

---

[62] République du Congo, *Politique forestière 2014 – 2025*, p35

- **Le Décret n°86/775 du 7 juin 1986 rendant les EIE obligatoires**

L'évaluation environnementale est un processus visant à intégrer l'environnement dans l'élaboration d'un projet, ou d'un document de planification, et ce dès les phases amont de réflexions. Elle sert à éclairer tout à la fois le porteur de projet et l'administration sur les suites à donner au projet au regard des enjeux environnementaux et ceux relatifs à la santé humaine du territoire concerné, ainsi qu'à informer et garantir la participation du public. Elle doit rendre compte des effets potentiels ou avérés sur l'environnement du projet, du plan ou du programme et permet d'analyser et de justifier les choix retenus au regard des enjeux identifiés sur le territoire concerné. L'évaluation environnementale doit être réalisée le plus en amont possible, notamment, en cas de pluralité d'autorisations ou de décisions, dès la première autorisation ou décision, et porter sur la globalité du projet et de ses impacts. L'évaluation environnementale s'inscrit ainsi dans la mise en œuvre des principes de prévention, d'intégration, de précaution et de participation du public. C'est dans cette logique qu'entre en vigueur le Décret n°86/775 du 7 juin 1986 rendant les EIE obligatoires au Congo.

Ce décret rend obligatoire une étude d'impact sur l'environnement, à annexer au dossier technique de demande d'autorisation pour la réalisation de tout projets d'ouvrage, travaux ou aménagements spécifiés dans la liste en annexe (I). Le décret fixe la procédure à suivre pour l'effectuation de ces études et arrête, à l'annexe II, une liste indicative des critères à prendre en considération dans les études d'impact. Il dispose à son article premier : « La réalisation de tout projet d'aménagement, d'ouvrage, d'équipement ou d'implantation d'unité industrielle, agricole et commerciale sur le territoire national doit être précédée d'une étude d'impact sur l'environnement annexée au dossier technique de demande d'autorisation. Cette étude doit être réalisée par une agence ou une institution agréée. Le contenu de l'étude d'impact doit être en relation avec l'importance des projets et leurs incidences prévisibles sur l'environnement ». Dans le même sens, il précise que l'étude d'impact se fait dans le respect de la réglementation existante sans allongement des délais d'instruction normaux et sans alourdissement des procédures. Elle doit apparaître comme un volet intégral des études techniques et financières permettant d'éclairer les décisions en intégrant les préoccupations d'environnement dans les projets.

Paragraphe II : Le cadre normatif international

Il est question de s'intéresser aux conventions et traités internationaux au niveau mondial, régional ou sous-régional.

I – Au plan mondial

Il s'agit d'examiner ici les différentes conventions et traités internationaux

A - La Convention concernant la protection du patrimoine mondial, culturel et naturel de 1972

La caractéristique la plus originale de la Convention de 1972 est de réunir dans un même document les notions de protection de la nature et de préservation des biens culturels. La Convention reconnaît l'interaction entre l'être humain et la nature et le besoin fondamental de préserver l'équilibre entre les deux. Aux fins de la présente Convention sont considérés comme patrimoine naturel :

- les monuments naturels constitués par des formations physiques et biologiques ou par des groupes de telles formations qui ont une valeur universelle exceptionnelle du point de vue esthétique ou scientifique,
- les formations géologiques et physiographiques et les zones strictement délimitées constituant l'habitat d'espèces animale et végétale menacées, qui ont une valeur universelle exceptionnelle du point de vue de la science ou de la conservation,
- les sites naturels ou les zones naturelles strictement délimitées, qui ont une valeur universelle exceptionnelle du point de vue de la science, de la conservation ou de la beauté naturelle.

Chacun des États parties à la présente Convention reconnaît que l'obligation d'assurer l'identification, la protection, la conservation, la mise en valeur et la transmission aux générations futures du patrimoine culturel et naturel visé aux articles 1 et 2 et situé sur son territoire, lui incombe en premier chef. Il s'efforce d'agir à cet effet tant par son propre effort au maximum de ses ressources disponibles que, le cas échéant, au moyen de l'assistance et de la coopération internationales dont il pourra bénéficier, notamment sur les plans financier, artistique, scientifique et technique[63].

Ratifiée le 10 octobre 1987 par le Congo, cette Convention invite à assurer la protection de son patrimoine national dans les conditions efficaces. En vertu de cette Convention, le Congo se reconnaît l'obligation d'assurer l'identification, la

---

[63] Article 4 de la Convention

protection, la conservation, la mise en valeur et la transmission aux générations futures du patrimoine naturel situé sur son territoire. Il agit grâce à ses ressources disponibles ou au moyen de l'assistance et de la coopération internationales dont il pourra bénéficier, notamment aux plans financier, artistique, scientifique et technique[64]. La particularité de cette mesure réside dans la possibilité pour le Congo d'assurer à la fois la protection de la nature et de préservation des biens culturels. La Convention reconnaît ainsi l'interaction entre l'être humain et la nature et le besoin fondamental de préserver l'équilibre entre les deux[65]. La principale conséquence de cette disposition est l'obligation pour le Congo d'assurer la protection de son patrimoine sur la base des mesures bien spécifiques, déterminées par la convention. Cette protection se manifeste par la mise en place de systèmes de coopération et d'assistance internationales visant à seconder les Etats Parties à la Convention dans les efforts de préservation et d'identification leur patrimoine. Cette mise en place laisse la latitude aux Etats parties à la convention de constituer des ensembles sous régionaux et régionaux afin de protéger leur patrimoine national et commun dans certains cas.

Par ailleurs, la convention de 1972 établit une liste du patrimoine mondial en vue de nommer, cataloguer et énumérer les biens dits culturels et naturels d'importance pour l'héritage commun de l'humanité sous certaines conditions notamment d'authenticité et d'intégrité du bien culturel concerné.

Cette Convention constitue un atout majeur pour le Congo dans sa politique de protection et de promotion du patrimoine naturel. Sa ratification en 1987 a offert un cadre juridique légal dans le processus d'inscription des sites et paysages naturels au patrimoine mondial que le pays a déjà amorcé avec la proposition de 5 sites sur la Liste indicative de l'UNESCO. Cette déclaration d'intérêt marque donc la volonté d'assurer une protection internationale des biens culturels et de bénéficier d'une reconnaissance internationale pouvant servir de vitrine à toute la culture congolaise. C'est sur cette base que le ministère de la culture, et le ministère de l'environnement, ont réalisé quelques initiatives publiques dans le but de protéger le patrimoine congolais. On peut ainsi citer l'inscription au patrimoine mondial de l'UNESCO du Parc National de Nouabalé-Ndoki, situé dans le Nord-Ouest du bassin du Congo. Il est le premier site de la République du Congo à être intégrer dans la Liste du Patrimoine Mondial de l'UNESCO en juin 2012. Avec une superficie de 426.800 hectares, le Parc National Nouabalé Ndoki dispose de trois sites : Wali bay, Mbeli bay et Mondika.

---

[64]Préambule de la convention sur le patrimoine mondial de 1972
[65]http://whc.unesco.org/fr/convention/, consulté le 10 septembre 2014

B- La Convention de Ramsar sur les zones humides d'importance internationale, Ramsar 2 février 1971

Entrée en vigueur au Congo le 18 octobre 1998, cette Convention est la manifestation de volonté des Etats Parties à maintenir les caractéristiques écologiques de leurs zones humides d'importance internationale. Les Etats signataires ont voulu instaurer une utilisation durable, responsable et rationnelle de toutes les zones humides qui se trouvent sur leur territoire national. Dans ce sens, la Convention de Ramsar sert de cadre à l'action nationale de protection et de conservation d'une entité de l'environnement et des ressources. Elle renforce la législation nationale des Etats Parties en matière de protection et de conservation de l'environnement dans son ensemble. A l'instar de la Convention du patrimoine mondial, la Convention de Ramsar établit une liste de zones humides d'importance internationale. Par zone humide, la Convention entend celles qui constituent une ressource de grande valeur économique, scientifique, culturelle et récréative pour l'ensemble de la communauté. Ainsi, au sens de ladite Convention, « les zones humides sont des étendues de marais, de fagnes, de tourbières ou d'eaux naturelles ou artificielles, permanentes ou temporaires, où l'eau est stagnante ou courante, douce, saumâtre ou salée, y compris des étendues d'eau marine dont la profondeur à marée basse n'excède pas six mètre[66]. En adhérant à la Convention de Ramsar, chaque Etat membre est obligé, en vertu de l'Article 2.4, d'inscrire une zone humide au moins sur la liste des zones humides d'importance internationale. Les Parties contractantes, ou États membres, choisissent les sites qui sont inscrits au titre de la convention en se référant aux critères d'identification des zones humides d'importance internationale.

A ce jour, la Convention compte 160 parties contractantes pour une superficie totale de 186. 549,794 hectares et elle est entrée en vigueur au Congo le 18 octobre 1998. Sur la base de cette Convention, le Congo dispose de sept (7) sites sur la liste des zones humides d'importance internationale pour une superficie de 8, 454,259 hectares ; ces sites sont donc régis par la Convention de Ramsar pour leur protection. Il s'agit :

- de Cayo- Loufoualeba et de Conkouati-Douli dans le Kouilou inscrit le 13 octobre 2007 ;
- des Grands affluents dans les départements des Plateaux, de la Cuvette, de la Sangha et la Likouala inscrits 13 octobre 2007 ;
- des Rapides du Congo-Djoué à Brazzaville inscrit le 03 avril 2007 ;

---

[66] Article premier de la convention de Ramsar

- de Libenga et de la Reserve communautaire du lac Télé dans le département de la Likouala inscrits le 18 juin 1998 ;
- de Sangha-Nouabalé- Ndoki dans les départements de la Sangha et de la Likouala inscrit 3 avril 2009. Ces sites sont à fois naturelles et culturelles en ce sens qu'ils constituent des paysages culturels.

C - La Convention sur le commerce international des espèces de la faune et de la flore menacées d'extinction (CITES) de juillet 1975.

Encore appelée Convention de Washington, CITES, réglemente le passage en frontières de quelque 35 000 espèces animales et végétales. Son objectif est de garantir que le commerce international des animaux et plantes inscrits dans ses annexes, vivants ou morts, ainsi que de leurs parties et de leurs produits dérivés ne nuise pas à la conservation de la biodiversité et repose sur une utilisation durable des espèces sauvages.

Comme le commerce des plantes et des animaux sauvages dépasse le cadre national, sa réglementation nécessite la coopération internationale pour préserver certaines espèces de la surexploitation. La CITES a été conçue dans cet esprit de coopération. Aujourd'hui, elle confère une protection (à des degrés divers) à plus de 37.000 espèces sauvages – qu'elles apparaissent dans le commerce sous forme de plantes ou d'animaux vivants, de manteaux de fourrure ou d'herbes séchées.

La CITES a été rédigée pour donner suite à une résolution adoptée en 1963 à une session de l'Assemblée générale de l'UICN (l'actuelle Union mondiale pour la nature). Le texte de la Convention a finalement été adopté lors d'une réunion de représentants de 80 pays tenue à Washington, Etats-Unis d'Amérique, le 3 mars 1973 ; le 1er juillet 1975, la Convention entrait en vigueur[67].

Ratifié le 31 janvier 1983 et entré en vigueur le 1er mai de la même année, ce texte a permis au Congo d'élaborer, entre autres, le plan national pour l'ivoire. En effet, Le Congo a été cité parmi les onze (11) pays identifiés comme étant ceux de « préoccupation secondaire » par les 63ème, 64ème et 65ème réunions du Comité Permanent de la CITES et un vivier potentiel de braconnage d'éléphants de forêt et de trafic illicite d'ivoire.

Les pays susmentionnés sont par conséquent tenus, dans le cadre de la mise en œuvre effective de la Convention, de travailler en étroite collaboration avec le Secrétariat Exécutif de la CITES dans la mise en œuvre de dispositions urgentes

---

[67] https://cites.org/fra/disc/what.php, consulté le 26 décembre 2020

et efficaces relatives au contrôle des activités liées au braconnage d'éléphants de forêt et au commerce illicite de l'ivoire. Parmi ces dispositions, figure l'élaboration d'un Plan d'Action National pour l'Ivoire (PANI). A l'évidence, bien que le Congo dispose d'une importante population d'éléphants de forêt, la forte demande d'ivoire et son prix élevé sur le marché font de cette espèce emblématique une cible privilégiée pour l'alimentation d'un réseau mafieux et complexe des produits de la faune sauvage dans le monde (Wittemyer et al. 2014 ; UNEP et al. 2013).

Ainsi, à l'horizon 2025, réduire de manière significative, le braconnage de l'éléphant de forêt et son corollaire le trafic illicite de l'ivoire, sur l'ensemble du territoire national. L'objectif global étant de professionnaliser la lutte anti braconnage et maîtriser le commerce illicite de l'ivoire à travers la promotion des partenariats et collaborations multi-acteurs[68].

D- La Convention de Vienne pour la protection de la couche d'ozone

La Convention de Vienne sur la protection de la couche d'ozone, telle qu'adoptée par 28 pays le 22 mars 1985 lors de la Conférence de plénipotentiaires sur la protection de la couche d'ozone, reconnaît la nécessité d'accroître la coopération internationale en vue de limiter les risques que les activités humaines pouvaient faire courir à la couche d'ozone. Cette convention ne contient aucun dispositif contraignant, mais prévoit que des protocoles spécifiques pourront lui être annexés. La Convention de Vienne entra en vigueur le 22 septembre 1988[69]. En 2009, elle est devenue la toute première convention à atteindre la ratification universelle[70].

Rappelant les dispositions pertinentes de la Déclaration de la Conférence des Nations Unies sur l'environnement, et en particulier le principe 21, où il est stipulé que, conformément à la Charte des Nations Unies et aux principes du droit international, "les Etats ont le droit souverain d'exploiter leurs propres ressources selon leur politique d'environnement et qu'ils ont le devoir de faire en sorte que les activités exercées dans les limites de leur juridiction ou sous leur contrôle ne causent pas de dommages à l'environnement dans d'autres Etats ou dans des régions ne relevant d'aucune juridiction nationale". En d'autres termes, la Convention de Vienne reconnaît à chaque Etat le droit d'exploiter ses ressources environnementales. En même temps, elle pose le principe d'une

---

[68] Direction Générale de l'Economie Forestière (DGEF) et Agence Congolaise de la Faune et des Aires Protégées (ACFAP), Plan d'Action National pour l'Ivoire, 2020, p6
[69] Jean-Maurice ARBOUR, Sophie LAVALLÉE, Jochen SOHNLE et Hélène TRUDEAU, *Droit international de l'environnement*, Montréal, Yvon Blais, 2016, 1527, p. 728
[70] « Les Traités » sur Ozone Secretariat, 2019 (consulté le 10 décembre 20éà)

exploitation saine et durable de ces ressources. Ainsi, les Parties prennent des mesures appropriées conformément aux dispositions de la présente Convention et des protocoles en vigueur auxquels elles sont parties pour protéger la santé humaine et l'environnement contre les effets néfastes résultant ou susceptibles de résulter des activités humaines qui modifient ou sont susceptibles de modifier la couche d'ozone[71].

En 2017, les Nations- Unies ont choisi comme thème pour protéger l'environnement : « *Prendre soin de toute forme de vie sous le soleil* ». Ce thème engage les Etats-parties à se focaliser dorénavant non seulement sur la protection de la couche d'ozone, mais aussi à s'orienter vers le choix des technologies qui garantissent le développement durable, en vue d'atteindre un objectif global, à savoir : la préservation de la terre dans toute sa diversité biologique, ainsi que celle du climat. Au Congo, la protection de la couche d'Ozone s'impose. Cette politique de gestion durable de l'environnement, constitue, l'un des principaux axes de sa politique gouvernementale. En conséquence, la République du Congo qui s'associe à la communauté internationale pour marquer son engagement solidaire en faveur de toutes les initiatives et actions visant à protéger la couche d'ozone et le climat. Le pays poursuit et intensifie ses efforts dans la mise en œuvre de la convention de Vienne relative à la protection de la couche d'ozone et du protocole de Montréal, qui sont les deux instruments juridiques essentiels en la matière. Le gouvernement congolais s'attèle, à travers le ministère en charge de l'environnement, à développer les activités qui s'inscrivent dans son programme pays, et dans ses plans nationaux de gestion et d'élimination des substances qui appauvrissent la couche d'ozone. Ces plans se réalisent de manière participative, avec un accent particulier sur le renforcement des capacités des acteurs publics, privés et de la société civile. Le Congo, à l'instar des autres pays en développement membres de la convention de Vienne, est résolument engagé dans la mise en œuvre du plan de gestion d'élimination de toutes les substances appauvrissant la couche d'ozone, pour la période allant de 2013 à 2040.

En effet, les questions climatiques s'imposent désormais à tous et engagent tout le monde à jamais dans la mise en œuvre de la Convention de Vienne. C'est pourquoi, au regard de la multiplication des catastrophes naturelles à travers le monde, avec leur cohorte de dégâts sur les plans humain, matériel et environnemental d'une part, et de l'apparition du phénomène des réfugiés climatiques, imputables à la forte concentration des gaz à effets de serre dans l'atmosphère d'autre part, l'humanité entière est interpellée. Ainsi donc, le crédo

---

[71] Article 2 de la Convention de Vienne

est : « *le plus tôt on agit, mieux cela vaudra pour la protection à la fois, de la couche d'ozone et du climat planétaire* [72] ».

Rappelons que République du Congo a ratifié la Convention de Vienne sur la protection de la couche d'ozone et le Protocole de Montréal le 16 octobre 1994 ; elle a également ratifié tous les quatre Amendements au Protocole de Montréal successivement, l'amendement de Londres le 16 octobre 1994, les amendements de Copenhague, de Montréal et de Beijing le 19 octobre 2001, traduisant ainsi la volonté du pays de se conformer aux exigences de la communauté internationale en vue de protéger la couche d'ozone et d'épargner la population et l'environnement des effets néfastes de l'appauvrissement de la couche d'ozone.

Après la ratification de la convention de Vienne et du protocole de Montréal, le pays a élaboré son programme de pays en 1995, un document contenant des données de base sur notre consommation des substances qui appauvrissent la couche, ainsi que les stratégies visant à réduire progressivement et à éliminer définitivement la consommation de ces substances.

En même temps, le bureau ozone Congo a créé en 1996 avec pour vocation la sensibilisation et la formation de toutes les parties prenantes impliquées dans l'importation, la commercialisation et l'utilisation des substances qui appauvrissent la couche d'ozone. Les activités menées par le bureau ozone Congo, avec le financement du fonds multilatéral pour l'application du protocole de Montréal et en partenariat avec les agences d'exécution, ont permis au Congo de respecter le calendrier de l'élimination des substances qui appauvrissent la couche d'ozone.

Ainsi, plusieurs activités ont été menées par le bureau ozone Congo dans tous les départements du pays à savoir la formation des douaniers sur les techniques de contrôle des substances qui appauvrissent la couche d'ozone, la formation des techniciens du froid sur les bonnes pratiques dans l'entretien, la récupération et le recyclage des substances qui appauvrissent la couche d'ozone. Le Congo s'est donc doté d'une main d'œuvre (cadres et techniciens) formée sur la base de différents matériels fournis par le Fonds Multilatéral à travers les différentes agences d'exécution, en particulier le PNUE[73] pour les projets de renforcement des capacités, le PNUE et l'ONUDI[74] pour les projets d'investissement.

Actuellement, de grands efforts sont faits pour tourner notre consommation vers les substances alternatives comme les hydrocarbures qui n'ont aucun effet sur la

---

[72] Déclaration du Ministre du Tourisme et de l'environnement.
[73] Programme des Nations-Unies pour l'Environnement
[74] Organisation des Nations unies pour le développement industriel

couche d'ozone et sur le climat, et nous restons convaincus que le transfert de technologies reste un important moyen de participer pleinement à la protection de la couche d'ozone, à la maitrise de la gestion de l'environnement et au développement durable de nos différents pays[75].

E- La Convention-cadre des Nations unies sur les changements climatiques de 1994 (CCNUCC)

La CCNUCC est entrée en vigueur le 21 mars 1994. Aujourd'hui, l'adhésion à la Convention est quasi universelle. Les 197 pays qui l'ont ratifiée sont appelés Parties à la Convention. La CCNUCC est une « Convention de Rio », l'une des trois adoptées lors du « Sommet de la Terre de Rio » en 1992. Ses conventions sœurs sont la Convention sur la diversité biologique (CDB) et la Convention sur la lutte contre la désertification (CLD). Les trois sont intrinsèquement liés. C'est dans ce contexte que le Groupe Mixte de Liaison a été mis en place pour renforcer la coordination entre les trois Conventions de Rio, dans le but ultime de développer des synergies dans leurs activités sur les questions d'intérêt mutuel. Désormais, il intègre aussi la Convention de Ramsar sur les zones humides.

Prévenir les activités humaines « dangereuses » pour le système climatique est l'objectif ultime de la CCNUCC.

L'objectif ultime de la Convention est de stabiliser les concentrations de gaz à effet de serre "à un niveau qui empêche toute perturbation anthropique dangereuse (induite par l'homme) du système climatique". Elle précise qu'« un tel niveau devrait être atteint dans un délai suffisant pour permettre aux écosystèmes de s'adapter naturellement au changement climatique, pour garantir que la production alimentaire ne soit pas menacée et pour permettre au développement économique de se poursuivre de manière durable ». L'idée est que, puisqu'ils sont la source de la plupart des émissions de gaz à effet de serre passées et actuelles, les pays industrialisés sont censés faire le maximum pour réduire les émissions sur leur territoire. Ils sont appelés pays de l'annexe I et font partie de l'Organisation de coopération et de développement économiques (OCDE). Ils comprennent 12 pays d'Europe centrale et orientale ayant des "économies en transition". Les pays de l'annexe I devaient, d'ici l'an 2000, ramener leurs émissions aux niveaux de 1990. Beaucoup d'entre eux ont pris des mesures énergiques pour y parvenir, et certains ont déjà réussi.

---

[75] Déclaration de monsieur le directeur de cabinet du ministre du tourisme et de l'environnement a la vingt-cinquième réunion des Parties au protocole de Montréal relatif à des substances qui appauvrissent la couche d'ozone, Bangkok, 21 au 25 octobre 2013

Ainsi, les pays industrialisés s'engagent, dans le cadre de la convention, à soutenir les activités de lutte contre le changement climatique dans les pays en développement en apportant un soutien financier aux actions de lutte contre le changement climatique, en plus de l'aide financière qu'ils fournissent déjà à ces pays. Un système de subventions et de prêts a été mis en place dans le cadre de la Convention et est géré par le Fonds pour l'environnement mondial. Les pays industrialisés acceptent également de partager leurs technologies avec les nations moins avancées[76].

Cette Convention a été ratifiée par le Congo le 25 juin 1996 à travers la Loi n° 26/96 du 25 juin 1996. Depuis cette date, le pays s'est reconnu l'obligation de faire application des dispositions majeures de cette Convention. Ainsi, en 2015, le pays a renforcé le cadre de réduction des émissions de GES[77] sans compromettre ses capacités de développement. Pour ce faire, des politiques alternatives à faible émissions de carbone et peu gourmandes en ressources naturelles, entrant dans le cadre plus large de l'« économie verte », sont promues. La République du Congo se trouve actuellement dans une situation compliquée de type économie de rente avec des risques de fortes variations des ressources budgétaires basées sur la mono-ressource pétrolière.

Pour s'industrialiser sans mettre en danger son environnement naturel, le Congo a besoin de diversifier son économie et d'accéder à des technologies alternatives et innovantes. Les ressources et potentialités considérables dont dispose le pays en matière agricole, forestière, hydroélectrique, touristique, sont autant d'atouts pour le développement d'une économie peu carbonée et génératrice d'emplois. Les moyens mis en œuvre détermineront le niveau de verdissement du développement, qui s'inscrira quoiqu'il en soit dans un objectif de développement économique national.

Ainsi, une Stratégie Nationale et un Plan d'Action pour les Changements Climatiques et la Variabilité (SNPA / CCV, 2004) ont été développés. Bien que le pays n'émette qu'environ 1,1 tCO2 par habitant et par an, il subit déjà les effets du changement climatique. La vulnérabilité est aggravée par de multiples contraintes biophysiques nuisant au développement, ainsi que par la faiblesse de ses capacités d'adaptation. Cette politique tient compte des stratégies et plans existants de la République du Congo, notamment le Plan National de Développement, le Document de Stratégie pour la Croissance, l'Emploi et la

[76] UNCC, Qu'est-ce que la CCNUCC, la Convention-cadre des Nations unies sur les changements climatiques ? UNCC 2019 ; https://unfccc.int/fr/processus-et-reunions/la-convention/qu-est-ce-que-la-ccnucc-la-convention-cadre-des-nations-unies-sur-les-changements-climatiques, consulté le 27 décembre 2020
[77] Gaz à Effet de Serre

Réduction de la Pauvreté, la Stratégie Nationale et Plan d'Action de mise en œuvre de la Convention Cadre des Nations Unies sur les Changements Climatiques et la Stratégie Nationale de Développement Durable[78].

C'est dans cette perspective qu'il convient de rappeler qu'en posant les actes de souveraineté visant respectivement la signature et la ratification de la Convention-Cadre des Nations Unies sur les Changements Climatiques, en juin 1992 et en juin 1996, y compris le Protocole de Kyoto y afférent, la République du Congo s'était engagée à circonscrire l'ensemble des activités anthropiques, responsables du réchauffement du climat. Tenant compte de ses engagements, le Congo a bénéficié de la part du mécanisme financier d'appui, mis en place à Rio au Brésil, des fonds pour rédiger sa communication nationale initiale, présentée en octobre 2001 à Marrakech au Maroc, lors de la septième session de la Conférence des Parties. Dans le cadre de ce premier travail, l'année 1994 avait été retenue comme année de référence. Le travail de base avait consisté à :

- inventorier toutes les sources d'émissions des gaz à effet de serre, dont le dioxyde de carbone en est le principal;
- répertorier les zones de vulnérabilité, nécessitant les interventions en vue d'atténuer les conséquences;
- identifier les secteurs et les écosystèmes pour lesquels des mesures d'adaptation seraient indispensables à envisager

Pour ce faire, la politique volontariste de conservation et de gestion durables de ses écosystèmes forestiers a permis de favoriser l'adhésion des partenaires autour d'un vaste programme d'aménagement. Celui-ci a été couronné par la certification d'importantes superficies des Unités Forestières d'Aménagement situées dans la partie septentrionale du pays.

Le Partenariat pour les Forêts du Bassin du Congo, lancé en 2002 à Johannesburg, a suscité un réel intérêt de la part de la communauté internationale.

A ce titre, l'initiative a donné lieu à la création de nombreux mécanismes de soutien, notamment :

- le Fonds pour les Forêts du Bassin du Congo, mis en place par les Royaumes de Grande Bretagne et de Norvège;
- le Fonds de Partenariat pour le carbone forestier de la Banque Mondiale.

---

[78] République du Congo, Conférence des Parties 21- *Contribution nationale dans le cadre de la CCNUCC*, 21 septembre 2015, p2-3

A travers son rôle de poumon écologique et de régulateur du climat mondial, les forêts du Bassin du Congo constituent un patrimoine pour lequel une attention particulière devrait être donnée par la mobilisation de moyens financiers conséquents et durables[79].

Ainsi, 2000, le départ de l'environnement a procédé aux inventaires des gaz à effet de serre (GES), à l'analyse de ces émissions et des puits d'absorption des GES dans différents secteurs : énergie, agriculture et élevage, foresterie, industrie et déchets. Dans la même logique, il a été procédé au changement d'affectation des Terres et Foresterie pour dans les inventaires sectoriels d'émissions de gaz à effet de serre qui regroupe les émissions et les absorptions de ces gaz découlant directement des activités humaines liées à l'utilisation des terres, leurs changements d'affectation et à la forêt.

En effet, promouvoir la restauration des forêts et la gestion forestière durable fera davantage pour atténuer les changements climatiques que la simple réduction des émissions de gaz à effet de serre résultant de la déforestation et de la dégradation des forêts (REDD). Le changement d'affectation des terres entre dans le cadre de la politique REDD. La déforestation est un changement d'affectation des terres, et non pas la récolte de bois. Si une forêt exploitée peut se régénérer, l'effet de la récolte sur l'écosystème ne se traduira pas par une émission de carbone ; mais, si la forêt est convertie à une autre utilisation, le carbone sera libéré dans l'atmosphère. Le changement d'affectation des Terres et Foresterie a pour objectif la reconstitution et de la préservation des forêts.

On en arrive donc à la conclusion selon laquelle la sauvegarde des forêts favorise la lutte contre les changements climatiques. En effet, les arbres retiennent les "gaz à effet de serre". Les arbres, composantes dominantes de systèmes écologiques variés et complexes que sont les forêts, constituent l'un des réservoirs vivants le plus large de monoxyde de carbone, le "gaz à effet de serre" qui contribue le plus au réchauffement de la Terre et à l'évolution climatique de la planète. La préservation des forêts tropicales de l'Afrique et la plantation de nouveaux arbres pour remplacer ceux détruits par la déforestation sont de nature à contribuer à l'atténuation de l'ampleur de l'évolution climatique et de minimiser les conséquences des changements climatiques sur le plan local.

Mais l'un des arguments les plus frappants en faveur de la protection des forêts est le rôle de la déforestation dans le réchauffement planétaire. D'après le

---

[79] République du Congo, Ministère du Développement durable, de l'économie forestière et de l'environnement-Fonds pour l'Environnement (FEM)-Programme des Nations-Unies pour le Développement (PNUD), *Seconde communication nationale de la République du Congo à la Convention-cadre des Nations Unies sur les changements climatiques (CCNUCC)*, Brazzaville, 2 septembre 2009, p4-5

Programme des Nations Unies pour l'environnement (PNUE), 20 à 25 % des émissions annuelles de dioxyde de carbone proviennent de la destruction des forêts par le feu à des fins agricoles[80].

F- La Convention internationale pour la lutte contre la sécheresse et/ou la désertification

La Convention des Nations unies sur la lutte contre la désertification (CLD, ou CNULCD) est la dernière des trois conventions de Rio à avoir été adoptée. Elle a été adoptée à Paris, deux ans après le Sommet de Rio, le 17 juin 1994, et est entrée en vigueur le 25 décembre 1996, 90 jours après réception de la cinquantième ratification. 197 pays en font partie[81] . Elle traite de la désertification définie comme « la dégradation des terres dans les zones arides, semi-arides et subhumides sèches par suite de divers facteurs, parmi lesquels les variations climatiques et les activités humaines » et des moyens de lutte adaptée : « mise en valeur intégrée des terres dans les zones arides, semi-arides et subhumides sèches, en vue d'un développement durable et qui visent à : prévenir et/ou réduire la dégradation des terres, remettre en état les terres partiellement dégradées, et restaurer les terres désertifiées ».

La Convention offre de nouveaux espoirs dans la lutte contre la désertification car le problème de la dégradation des terres dans les régions arides n'a cessé de s'aggraver au cours des vingt dernières années. La Convention propose une manière entièrement nouvelle de gérer les écosystèmes arides et -ce qui n'est pas moins important- les flux d'aide au développement.

En septembre 2007 à Madrid, la huitième Conférence des parties a adopté le Plan-cadre stratégique décennal destiné à renforcer la mise en œuvre de la Convention (la Stratégie). La Stratégie propose des objectifs opérationnels qui se déclinent à travers des axes tels que la sensibilisation de l'opinion publique, la mise en place de cadres politiques, ou la construction de capacités nouvelles en termes d'innovation scientifique et technologique.

Ainsi, la Convention a remodelé le dispositif de l'assistance internationale. Elle cherche à engager les pays et institutions donateurs et les pays bénéficiaires dans un nouveau partenariat. Dans le cas de l'Afrique, les rôles respectifs des donateurs et des bénéficiaires sont définis avec précision dans des accords de partenariat élaborés conjointement. L'objectif est de faire en sorte que les programmes de financement soient mieux coordonnés, que le financement soit

---

[80]https://www.un.org/africarenewal/fr/magazine/january-2008/les-for%C3%AAts-de-l%E2%80%99afrique-%E2%80%98poumons-du-monde%E2%80%99, consulté le 27 décembre 2020
[81] Site de la CLD

fondé sur les besoins des pays touchés, que les donateurs puissent être assurés que leurs fonds seront utilisés à bon escient, et que les bénéficiaires tirent le meilleur parti des sommes placées à leur disposition.

Un accent particulier est placé sur un développement participatif avec la démarche verticale « ascendante », partant de la base, avec une forte participation locale dans la prise de décisions. Les collectivités et leurs dirigeants, ainsi que les organisations non gouvernementales, les experts et les fonctionnaires coopèrent dorénavant étroitement pour définir les programmes d'action[82].

Ratifiée le 8 janvier 1999 par le Congo, cette Convention a permis l'élaboration la mise place d'un Programme d'action national de lutte contre la désertification par la définition des actions prioritaires. Conformément à l'article 10 de la CCD, le Programme d'Action National de Lutte contre la Désertification a pour objectif général d'identifier les facteurs qui contribuent à la désertification et les mesures concrètes à prendre pour lutter contre celle-ci et atténuer les effets de la sécheresse. Le PAN précise le rôle relevant respectivement à l'Etat, aux collectivités locales et aux exploitants des terres, ainsi que les ressources disponibles. A cet effet, et en raison de l'incidence très grande des facteurs anthropiques sur la dégradation des terres notamment du fait de la pauvreté des populations, les objectifs spécifiques visés par le PAN du Congo sont les suivants :

- améliorer les connaissances sur la dégradation des terres (cartographie),
- développer et renforcer les capacités (système de suivi et évaluation),
- améliorer le cadre institutionnel et législatif de la lutte contre la dégradation des terres,
- améliorer les conditions de vie des populations,
- réhabiliter les zones touchées par la dégradation des terres.

Dans le cadre de la lutte contre la pauvreté rurale, le programme prévoit une amélioration des conditions de vie des populations par le développement des projets de lutte contre la pauvreté et la création des activités génératrice de revenus. S'agissant d'améliorer la résilience des moyens de subsistance face aux menaces et crises ayant des répercussions sur l'agriculture, la nutrition et la sécurité alimentaire, un projet intitulé « appui au renforcement de capacité en vue de la finalisation du Plan d'Action National de Lutte Contre la Dégradation des terres » a été initié en 2004 par la République du Congo et soumis au Fonds

---

[82] UNDDD 2010-2020, La Décennie des Nations Unies pour les déserts (2010-2020) et la lutte contre la désertification, https://www.un.org/fr/events/desertification_decade/convention.shtml, consulté le 27 décembre 2020

pour l'environnement mondial (FEM) pour financement. Il a pour objectif global : contribuer au renforcement de capacités en vue de l'élaboration du Plan d'Action National de lutte contre la dégradation des terres, pour une gestion durable. Les activités prévues dans ce cadre sont :

- s'approprier et vulgariser les normes juridiques sur la lutte contre la dégradation des terres ;
- développer et renforcer les capacités humaines et institutionnelles ;
- améliorer les connaissances sur l'état des terres ;
- renforcement des capacités institutionnelles et des partenaires nationaux et internationaux pour la mobilisation des fonds ;
- développer des stratégies visant l'atténuation des facteurs contribuant à la dégradation des terres ;
- sensibiliser, éduquer et former toutes les parties prenantes nationales.

Dans le cadre de la gouvernance, l'organe national de coordination a été mis en place pour mettre en œuvre la convention sur la lutte contre la dégradation des terres. Cet organe dénommé Comité National de Lutte contre la dégradation est placé sous tutelle du Ministère en charge de l'environnement. Pour lutter contre la dégradation des terres, le PAN envisage d'assurer la participation de tous les acteurs ou toutes les ressources humaines (services techniques, société civile) à la conception, à la réalisation et au suivi des actions envisagées dans ce programme. Il y a donc nécessité d'un renforcement des capacités des intervenants au programme. A côté des ONG plusieurs établissements d'enseignement public et de recherche doivent participer au processus d'élaboration et d'exécution du PAN[83].

G- La Convention sur la diversité biologique de 1992

Traité international pour un avenir durable, la Convention sur la diversité biologique (CDB) est un traité international juridiquement contraignant qui a trois principaux objectifs : la conservation de la diversité biologique, l'utilisation durable de la diversité biologique et le partage juste et équitable des avantages découlant de l'utilisation des ressources génétiques.

Son but général est d'encourager des mesures qui conduiront à un avenir durable.

La conservation de la diversité biologique est une préoccupation commune de l'humanité. La Convention sur la diversité biologique vise tous les niveaux de la

---

[83] Republic of the Congo : *Programme d'action national de lutte contre la désertification*, Republic of the Congo: Programme d'action national de lutte contre la désertification, 2006, p13

diversité biologique : les écosystèmes, les espèces et les ressources génétiques. Elle s'applique aussi aux biotechnologies, notamment dans le cadre du Protocole de Cartagena sur la prévention des risques biotechnologiques. En fait, elle vise tous les domaines possibles qui sont directement ou indirectement liés à la diversité biologique et à son rôle en matière de développement, allant de la science, la politique et l'enseignement à l'agriculture, au monde des affaires, à la culture et bien plus encore.

L'organe directeur de la Convention sur la diversité biologique est la Conférence des Parties (COP). Cette instance supérieure est composée de tous les gouvernements qui ont ratifié le traité (les Parties) et se réunit tous les deux ans pour examiner les progrès accomplis, établir des priorités et décider de plans de travail.

Le Secrétariat de la Convention sur la diversité biologique est basé à Montréal, au Canada. Sa fonction principale est d'aider les gouvernements à mettre en œuvre la Convention et ses programmes de travail, d'organiser des réunions, de rédiger des documents et d'assurer une coordination avec d'autres organisations internationales, ainsi que de recueillir et diffuser des informations. Le Secrétaire exécutif est le chef du secrétariat. La Convention a été ouverte à la signature le 5 juin 1992 lors de la Conférence des Nations Unies sur l'environnement et le développement, souvent appelé le « Sommet de la Terre » de Rio. Elle compte, à ce jour, 196 Parties[84].

Au Congo, cette Convention a été ratifiée par la loi n°26/96 du 25 juin 1996. La protection de la biodiversité favorise la survie des êtres vivants en approvisionnant en nourritures, en médicaments, en énergie et en contribuant au développement socio-économique des communautés à travers l'émergence du tourisme. La République du Congo avec sa richesse écologique, s'est engagé dans le processus de protection de la biodiversité, en vue de conserver les gènes, les espèces et les écosystèmes nationaux et internationaux pour la gestion et l'utilisation durable des ressources biologiques. En ratifiant la Convention sur la biodiversité, le 30 octobre 1996, le Congo avec une déforestation estimée à 0,05%, n'est pas resté en marge des pays « très engagés » dans cette lutte sur la préservation de la biodiversité.

Sur la base de cette Convention, le gouvernement a également signé deux protocoles, à savoir celui du Cartagena sur la prévention des risques biotechnologiques, le 11 octobre 2006, et celui du Nagoya, le 14 mai 2015 sur

---

[84] UN, La Convention sur la diversité biologique, traité international pour un avenir durable, https://www.un.org/fr/observances/biological-diversity-day/convention, consulté le 27 décembre 2020

l'accès aux ressources génétiques et le partage juste et équitable des avantages découlant de leur utilisation. Ainsi, plusieurs initiatives ont été mises en œuvre par le Congo, à savoir la commission Climat du Bassin du Congo, le Fonds Bleu pour le Bassin du Congo et la conservation des tourbières des deux Congo avec une superficie de 126.440 Km^2. Ces tourbières séquestrent 30 milliards tonnes de carbone selon les études.

Pour protéger les mangroves de Pointe-Noire qui sont des zones de haute séquestration de carbone et permettent aux poissons de se reproduire, l'Etat a érigé des aires protégées. Toutes ces actions permettent de prendre des mesures efficaces et urgentes afin d'éradiquer l'érosion de la biodiversité.

Actuellement, le Congo conserve 5015 espèces végétales à l'herbier national pour, entre autres, des besoins tradi-thérapeutiques. Le PNUD, qui accompagne les actions du gouvernement, apporte son appui dans la protection des espèces menacées dans les aires protégées du Congo que cela soit au niveau de l'écosystème aquatique que forestier. Cela s'est traduit, entre autres, dans la réalisation du projet de conservation intégrée et transfrontalière de la biodiversité dans les bassins de la République du Congo, dit TRIDOM II[85]. En effet, le Fonds pour l'environnement mondial finance depuis 2008 le projet Trinational Dja-Odzala-Minkébé (TRIDOM), intitulé « Conservation de la biodiversité transfrontalière dans l'interzone du Cameroun, Congo et du Gabon[86] ».

L'objectif de développement à long terme (but) du projet est la conservation de la biodiversité d'importance mondiale que renferme le Bassin du Congo en intégrant les objectifs de conservation dans les plans de développement durable nationaux et régionaux de la TRIDOM. Pour contribuer à la réalisation de cet objectif à long terme, l'objectif spécifique, ou objectif du projet, est de préserver les fonctions et la connectivité écologiques de la TRIDOM et d'assurer la conservation à long terme de son système d'aires protégées à travers un aménagement intégré, durable et participatif dans l'interzone entre les aires protégées.

A travers cet objectif spécifique, le projet favorise une matrice des types d'occupation des terres qui, une fois intégrée dans toute la zone, permettra de conserver la biodiversité d'importance mondiale grâce à une exploitation

---

[85] Le projet TRIDOM (Trinationale Dja-Odzala-Minkébé) intitulé « Conservation de la biodiversité transfrontalière dans l'interzone de Dja-Odzala-Minkébé au Cameroun, Congo et Gabon » est d'une durée de sept ans. Il a été mis en œuvre par le Programme des Nations Unie pour le Développement (PNUD) et exécuté par « United Nations Office for Project Services » (UNOPS).
[86]https://www.aci.cg/congo-environnement-la-protection-de-la-biodiversite-source-dequilibre-mondiale/, consulté le 19 décembre 2020

durable et de la préserver en gelant des terres à l'intérieur de la forêt de production[87].

II – Au plan régional et sous-régional

Sur ce plan, la protection de l'environnement est assurée par des textes africains parmi lesquels :

A - La convention africaine sur la conservation de la nature et des ressources naturelles du 11 juillet 2003

Longtemps connue sous le nom de la convention d'Alger, ville qui l'avait vue naître en 1968, la Convention de Maputo sur la conservation de la nature et des ressources naturelles est la manifestation de la prise de conscience des chefs d'Etats africains de ce que les sols, les eaux, la flore et les ressources en faune constituent un capital d'importance vitale pour l'homme[88]. Cette Convention a été signée par le Congo le 15 septembre 1968 et ratifiée 04 avril 1981. Elle pose comme principe fondamental l'engagement des Etats contractants à prendre les mesures nécessaires pour assurer la conservation, l'utilisation et le développement des sols, des eaux, de la flore et des ressources en faune en se fondant sur des principes scientifiques et en prenant en considération les intérêts majeurs de la population[89]. Ce texte traite donc de la protection et de la conservation des écosystèmes et des ressources naturelles en Afrique. Il est sans doute l'un des rares textes internationaux sur le patrimoine naturel et culturel à prévoir la prise en compte des droits coutumiers dans les législations modernes de façon à harmoniser la conservation des écosystèmes. Pour mettre en place une protection régionale (au niveau africain) coordonnée et une coopération interétatique efficace, l'article 15 de la convention dispose : « *Chaque Etat contractant créera, s'il ne l'a déjà fait, une administration unique ayant dans ses attributions l'ensemble des matières traitées par la présente Convention ; en cas d'impossibilité, un système sera établi en vue de coordonner les activités en ces matières[90]* ». Cette Convention vise la conservation et l'utilisation rationnelle des ressources en sol, en eau, en flore et en faune. Le rôle des communautés locales y est spécifiquement souligné, leurs droits traditionnels devant être respectés et leur participation active au processus de planification et de gestion de ressources naturelles organisée par les Etats[91].

---

[87] Présentation du Projet TRIDOM par la Commission des Forêts d'Afrique Centrale
[88] Préambule du texte
[89] Article 2 de la convention de Maputo
[90] Article 15 de la Convention d'Alger
[91] Article 17 de la Convention de Maputo

B- La Charte Africaine des Droits de l'Homme et des Peuples du 27 juin 1981

Entrée en vigueur 21 octobre 1986 et ratifiée par le Congo le 09 décembre 1982, la Charte de 1981 instaure, en Afrique, une protection des droits de l'homme en opérant une indivisibilité entre les droits civils et politiques dont bénéficient les citoyens des Etats Parties et en accordant une indépendance à tous les droits de l'homme de manière générale. Ce texte opère, de ce fait, une égalité entre tous les droits de l'homme (civils, politiques, économiques, sociaux et culturels) tant dans leur conception que dans leur universalité. Dans ce sens, la jouissance des droits politiques et civils est garantie par la satisfaction des droits économiques, sociaux et culturels.

Cette Charte pose le cadre de référence dans l'élaboration d'une législation nationale sur la protection des droits de l'homme par les Etats-Parties. Par ailleurs, elle a le mérite d'avoir mis en place la Commission africaine des droits de l'homme qui est l'organe de l'Union Africaine chargé de surveiller la mise en œuvre de la Charte africaine des droits de l'homme et des peuples. Composée de 11 membres élus par la Conférence des chefs d'Etat et de gouvernement de l'Union africaine, la Commission a pour mission de promouvoir, de protéger et d'interpréter les dispositions de la Charte africaine des droits de l'homme et des peuples.

Son article 21 dispose : « les peuples ont la libre disposition de leurs richesses et de leurs ressources naturelles. Ce droit s'exerce dans l'intérêt exclusif des populations. En aucun cas, un peuple ne peut en être privé. En cas de spoliation, le peuple spolié a droit à la légitime récupération de ses biens ainsi qu'à une indemnisation adéquate. La libre disposition des richesses et des ressources naturelles s'exerce sans préjudice de l'obligation de promouvoir une coopération économique internationale fondée sur le respect mutuel, l'échange équitable, et les principes du droit international. Les Etats parties à la présente Charte s'engagent, tant individuellement que collectivement, à exercer le droit de libre disposition de leurs richesses et de leurs ressources naturelles, en vue de renforcer l'unité et la solidarité africaines. Les Etats, parties à la présente Charte, s'engagent à éliminer toutes les formes d'exploitation économique étrangère, notamment celle qui est pratiquée par des monopoles internationaux, afin de permettre à la population de chaque pays de bénéficier pleinement des avantages provenant de ses ressources nationales.

Le Congo a ratifié cette Charte en 1982 non seulement pour disposer d'un cadre juridique de protection des Droits de l'homme mais aussi pour renforcer et garantir la protection des ressources naturelles. L'article 24 de cette Charte dispose : « *tous les peuples ont droit à un environnement satisfaisant et global, propice à leur développement* ». Ce principe a inspiré la Constitution congolaise de 6 novembre 2015 en ce qu'elle se réfère aux principes fondamentaux proclamés et garantis qui y sont prévus. En effet, les articles 41 à 49 de cette Constitution prévoient une protection explicite de l'environnement. Il est affirmé que « *tout citoyen a droit à un environnement sain, satisfaisant et durable et a le devoir de le défendre. L'Etat veille à la protection et à la conservation de l'environnement. Les conditions de stockage, de manipulation, d'incinération et d'évacuation des déchets toxiques, polluants ou radioactifs, provenant des usines et autres unités industrielles ou artisanales installées sur le territoire national, sont fixées par la loi* ».

Toute pollution ou destruction résultant d'une activité économique, donne lieu à compensation. La loi détermine la nature des mesures compensatoires et les modalités de leur exécution. Le transit, l'importation, le stockage, l'enfouissement, le déversement dans les eaux continentales et les espaces maritimes sous juridiction nationale, l'épandage dans l'espace aérien des déchets toxiques, polluants, radioactifs ou de tout autre produit dangereux en provenance ou non de l'étranger, constituent des crimes punis par la loi. Tout acte, tout accord, toute convention, tout arrangement administratif ou tout autre fait, qui a pour conséquence de priver la Nation de tout ou partie de ses propres moyens d'existence, tirés de ses ressources naturelles ou de ses richesses, est considéré comme crime de pillage et puni par la loi ».

Chapitre II : La protection institutionnelle

La protection de l'environnement du Congo est assurée par des institutions nationales et internationales.

Paragraphe I : Le cadre institutionnel national

Le cadre institutionnel national comprend les institutions congolaises chargées de protéger l'environnement et de mettre en œuvre les mesures de protection, de conservation et valorisation. Pour ce faire, on peut ainsi citer :

A – Ministère du Développement Durable, de l'Économie Forestière et de L'Environnement

Ce ministère avait été mis en place par décret n° 2009-396 du 13 octobre 2009 qui en fixe les.

Au titre de l'article premier de ce décret, le ministre du développement durable, de l'économie forestière et de l'environnement exécute la politique de la nation telle que définie par le Président de la République dans les domaines du développement durable, de l'économie forestière et de l'environnement. De manière plus pratique, ce ministère est chargé d'élaborer et d'appliquer la politique congolaise dans le domaine qui est le sien.

A ce titre, il est chargé, notamment, de :

- mettre en œuvre la politique de développement du secteur relevant de sa compétence et initier et/ou réaliser des études et des projets relatifs au développement durable ;
- initier et/ou réaliser des études et des projets relatifs au développement du secteur forestier et initier et/ou réaliser des études et des projets relatifs au développement du secteur de l'environnement ;
- veiller à l'application de la politique nationale en matière d'environnement, veiller à la protection et à la conservation du patrimoine naturel ;
- évaluer et contrôler l'application de la réglementation en matière de ressources forestières, hydrographiques, fauniques et de préservation de l'environnement et entretenir des relations de coopération avec les organismes nationaux, régionaux et internationaux spécialisés dans le domaine de sa compétence.

Le ministre du développement durable, de l'économie forestière et de l'environnement, pour l'exercice de ses attributions, a autorité sur l'ensemble des services de son ministère et exerce la tutelle sur les organismes qui relèvent de sa compétence tels que déterminés par les textes relatifs à l'organisation du ministère du développement durable, de l'économie forestière et de l'environnement.

Depuis une période assez récente, ce ministère élabore et met en œuvre la politique de lutte contre le réchauffement climatique et la polution atmosphérique. Il promeut la gestion durable des ressources naturelles.

A partir de 2017, le département « environnement » a été détaché de ce ministère pour être transféré au ministère du tourisme.

Ainsi, le ministère de l'Economie Forestière et du Développement Durable s'est fixé les objectifs fondamentaux suivants :

- La poursuite des travaux d'aménagement des forêts, afin qu'à l'horizon 2016, année d'achèvement du Plan National de Développement, toutes les concessions forestières disposent des plans d'aménagement.
- L'augmentation de la production des produits forestiers notamment la production des grumiers ;
- La création de près de mille emplois ;
- La réhabilitation et la construction des nouvelles infrastructures de base ;
- L'amélioration de l'habitat et des conditions de vie en milieu rural ;
- La poursuite du développement des activités alternatives dans les concessions forestières, les zones tampons et périphériques des aires protégées.

Pour ce qui de la protection de la forêt, depuis 2000, le Congo met en œuvre une politique forestière dont l'aménagement durable et la certification crédible de toutes les concessions forestières constituent le pivot. Actuellement 29 concessions forestières couvrant 10.176.995 hectares, soit 76,4 % de la superficie attribuée à l'exploitation forestière sont sous aménagement et 9% d'entre elles, d'une superficie de 4.057.985 hectares disposent déjà d'un plan d'aménagement.

L'effort qui y est engagé a déjà permis la certification par le FSC[92] de quatre concessions forestières couvrant 2.478.943 hectares, parmi les 9 disposants d'un plan d'aménagement. La politique forestière et faunique congolaise vise en priorité la réduction de la pauvreté et de faire de la filière forêt et bois, un secteur de croissance. Elle tient également compte des nouvelles perspectives

---

[92] Le Forest Stewardship Council est un label environnemental, dont le but est d'assurer que la production de bois ou d'un produit à base de bois respecte les procédures garantissant la gestion durable des forêts

qu'offre la coopération sous régionale, régionale et internationale pour la gestion des ressources forestières d'Afrique Centrale notamment à travers le Partenariat pour les Forêts du Bassin du Congo (PFBC).

B – Le ministère du tourisme et de l'environnement

Ce ministère voit le jour en octobre 2017 à la faveur d'un remaniement ministériel suite auquel le département « environnement » intègre celui du tourisme. A partir de là, la politique nationale en matière de l'environnement est dévolue à ce ministère. Il détermine, met en place et dirige la politique nationale en matière d'environnement. A cet effet, le ministère a repris l'élaboration de la Stratégie Nationale de Développement Durable (SNDD lancé en 2013. L'ambition est d'établir les bases d'une croissance soutenue basée sur une exploitation rationnelle des ressources naturelles dont regorge le pays parallèlement à une diversification de l'économie et une amélioration continue de la gouvernance dans ses différentes dimensions. Conçue dans une vision partagée du développement et respectant les fondements garantissant la durabilité environnementale, l'optimalité économique et la viabilité sociale, la SNDD du Congo tient compte des atouts et potentialités naturels, du contexte politique, économique et sociodémographique ainsi que des grands défis auxquels le pays fait face.

Ainsi, la SNDD traite des grandes questions de développement à travers les quatre axes stratégiques suivants :

- Axe stratégique 1 : Gérer rationnellement les ressources naturelles ;
- Axe stratégique 2 : Améliorer durablement la gouvernance ;
- Axe stratégique 3 : Développer et moderniser durablement les infrastructures et les services sociaux de base ;
- Axe stratégique 4 : Diversifier durablement l'économie.

Enfin, les questions de mobilisation des ressources et de partenariats ainsi que de suivi et évaluation sont abordées avant le plan d'actions détaillé par axe stratégique annexé en tant que partie intégrante du document SNDD-Congo.

Parallèlement, en janvier 2017, des scientifiques ont dévoilé de nouvelles découvertes prouvant que les Tourbières[93] de la Cuvette Centrale du Congo forment la zone de forêt de marécages tourbeux la plus large sous les tropiques.

---

[93] La tourbe est un type de sol des zones humides, constituée de matières végétales partiellement décomposées et est riche en carbone. Nous estimons qu'une réserve d'environ 30 milliards de tonnes de carbone est contenue dans les tourbières que nous avons découvertes, soit l'équivalent de trois ans d'émissions mondiales liées aux énergies fossiles

Les estimations relatives aux réserves de carbone organique du sol au Congo et en République Démocratique du Congo ont ainsi énormément augmentées.

La dégradation de ces réserves de carbone de tourbières pourrait avoir de graves impacts sur le climat. Or, la majorité de la zone est peuplée de concessions de pétrole et de gaz (à des fins d'exploration et/ ou d'extraction), avec des zones plus petites également couvertes de concessions forestières et de concessions destinées au développement de palmiers à huile ou à des fins agricoles. Il existe un risque associé à la dégradation de la forêt, liée notamment au développement routier et aux récoltes de bois utilisé comme combustible. Compte tenu du carbone renfermé dans les tourbières, leur protection est devenue une priorité mondiale. Suite à notre découverte, la République du Congo et la République démocratique du Congo (RDC) ont toutes les deux signé la Déclaration de Brazzaville, un accord qui vise à protéger et à préserver cet écosystème précieux.

Ainsi, l'action de ce ministère se retrouve renforcer notamment avec la signature d'un accord historique pour protéger la plus grande tourbière tropicale du monde. A Brazzaville, le 23 mars 2018, dans une démarche sans précédent pour protéger la région de la Cuvette Centrale dans le bassin du Congo, les plus grandes tourbières tropicales du monde, contre l'utilisation non réglementée des terres et empêcher son drainage et sa dégradation, la République démocratique du Congo (RDC), la République du Congo et l'Indonésie ont signé conjointement la déclaration de Brazzaville qui promeut une meilleure gestion et conservation de ce stock de carbone d'importance mondiale.

L'enjeu de la protection de ces tourbières est important: l'équivalent de trois ans d'émissions mondiales de gaz à effet de serre sont stockés dans le bassin du Congo, émissions qui pourraient être libérées si les tourbières sont dégradées ou les zones humides naturelles drainées. L'accord a souligné l'importance d'une bonne utilisation des terres et d'une bonne planification des infrastructures qui tiennent compte de la nature des tourbières[94].

Par ailleurs, Brazzaville a accueilli en date du 25 avril 2018, le Premier Sommet des Chefs d'Etat et de Gouvernement de la Commission Climat du Bassin du Congo et de son principal instrument financier, le Fonds Bleu pour le Bassin du Congo. Il vise la collecte des ressources destinées à financer des programmes et projets dans les domaines de l'économie bleue, l'économie verte et la lutte contre les changements climatiques y compris celle contre la pauvreté.

---

[94] https://www.unenvironment.org/news-and-stories/press-release/historic-agreement-signed-protect-worlds-largest-tropical-peatland, consulté le 22 novembre 2020

Le Fonds bleu pour le Bassin du Congo est un fonds international de développement qui vise à permettre aux États de la sous-région du Bassin du Congo de passer d'une économie liée à l'exploitation des forêts à une économie s'appuyant davantage sur les ressources issues de la gestion des eaux, et notamment de celle des fleuves. L'accord portant création de ce fonds a été signé par douze pays de cette sous-région le 9 mars 2017 à Oyo en République du Congo[95]. Le Bassin du Congo constitue le second réservoir de carbone au monde[96] après celui du Bassin d'Amazonie, et la préservation des forêts de cette région représente un enjeu primordial pour la réduction des effets du réchauffement climatique.

L'initiative du Fonds bleu pour le Bassin du Congo répond à de nombreuses exigences dont deux majeures pour cette sous-région d'Afrique : « préserver les forêts de cette zone du continent, deuxième réservoir de carbone du monde après celui du Bassin d'Amazonie, tout en garantissant un développement économique permettant aux populations de la région d'améliorer leur qualité de vie[97] »

Les ministères en charge de l'environnement disposent des directions générales et rattachées, des inspections générales et des directions département qui sont des organes techniques sur lesquels ils s'appuient pour l'accomplissement de ses différentes missions.

1 - La Direction Générale de l'Environnement (DGE)

C'est l'organe technique du ministère en charge de l'environnement. A ce titre, elle est chargée d'assurer la mise en œuvre de la politique générale de protection de l'environnement, notamment la politique énergétique et climatique, la politique de gestion et de préservation des ressources et du patrimoine naturel. A ce titre, elle veille à la bonne exécution des missions de service public dans le domaine de l'environnement tout coordonnant, en concertation avec les associations, les partenaires économiques et sociaux, et avec l'appui de l'ensemble des ministères concernés, la préparation et la réalisation du programme de prévention et d'adaptation en matière environnementale.

La Direction générale de l'Environnement est donc l'organe coordonnateur chargé du suivi de la politique nationale en matière amélioration du cadre de vie,

---

[95] Déforestation : douze pays africains s'engagent à remplacer l'or vert par l'or bleu - France 24 », France 24, 10 mars 2017 (lire en ligne [archive], consulté le 14 mars 2017)
[96] Ambassade de la République du Congo à Washington, « Le Congo. Bassin du Congo » [archive], sur www.ambacongo-us.org (consulté le 6 décembre 2020)
[97] « Fonds bleu pour le Bassin du Congo : 12 pays africains engagés », La Tribune, 25 février 2017 (lire en ligne [archive], consulté le 6 décembre 2020)

d'éducation environnementale, de lutte contre les pollutions et nuisances diverses et d'aménagement paysager.

Institué par le Décret n°98-148 du 12 mai 1998 qui en fixe, en même temps, l'organisation, la DGE a pour attributions, entre autres, « veiller à une bonne application de la politique nationale en matière d'environnement » et « préparer les agréments des bureaux d'études chargés de réaliser les études d'impact ou autres études ». Pour ce faire, le Décret créé quatre directions dont une administrative et financières et trois techniques, chacune dotée d'un Secrétariat et de deux Services, chaque Service comprenant deux bureaux.

La DGE comprend des directions centrales parmi lesquels la Direction de la Prévention des Pollutions et de l'Environnement Urbain (DPPEU) chargée de nombreuses tâches. Les plus importantes sont :

- Identifier les sources de pollution et nuisances ;
- Etudier la nature des pollutions et nuisances et leurs effets sur les milieux naturels et humains ;
- Prendre les mesures nécessaires de lutte ;
- Etablir ou faire établir les normes de rejet des effluents ;
- Contrôler les installations classées ;
- Veiller au démantèlement des installations industrielles et à la réhabilitation des sites ;
- Assurer la gestion des déchets ;
- Assister les mairies pour la réalisation de projets [de gestion, traitement et recyclage des effluents et déchets ;
- Conseiller les opérateurs industriels en ce qui concerne la réalisation des projets ayant un impact sur l'environnement

Assez curieusement, alors que le décret rendant obligatoire la réalisation des EIE prévoit (Article 6) que le dossier de l'étude d'impact soit adressé au Cabinet du Ministre chargé de l'environnement, que le décret portant organisation de la DGE prévoit (Titre I) qu'elle est chargée de préparer les agréments des bureaux d'études réalisant ces EIE et que les Directions Régionales sont chargées de suivre leur réalisation (Titre II, Chapitre VII), la DPPEU n'est chargée d'aucune tâche dans ce domaine. Il y a là une lacune dans l'organisation de la DGE, lacune qui se traduit bien dans le fonctionnement réel du MEFE/DGE puisque la DPPEU est en réalité le service qui contrôle la qualité des TDR des EIE et la qualité des études réalisées. Cette lacune, qui peut être une source de dysfonctionnement, résulte de l'antériorité du décret sur les EIE (1986) par rapport à celui portant sur l'organisation de la DGE (1998) et son absence de révision. Une telle sitution

Pour ce qui est des autres directions, si tout ce qui touche au secteur de la biodiversité et de la conservation des eaux relève de la Direction Générale de l'Economie Forestière, la DECN aborde ces thématiques sous l'angle écosystémique[98].

2- La Direction Générale de l'Économie Forestière

C'est une direction de création récente car elle ne date que 1996. Elle a été créée pour rendre plus efficace l'action du ministère de tutelle en matière de protection et de patrimoine naturel plus précisément des forêts tant au niveau national qu'international. Sa mission est d'assurer la mise en œuvre de la politique gouvernementale dans les domaines des sites naturels et des forêts.

Instituée par décret n°96-175 du 12 mai 1996, la Direction Générale de l'Économie Forestière est l'organe technique qui assiste le ministère dans l'exercice de ses attributions en matière de faune et de forêts. A ce titre, elle est chargée de :

- concevoir, proposer et faire appliquer la politique de développement du secteur forestier ;
- orienter, coordonner et contrôler les activités des directions centrales et régionales ;
- Promouvoir les études relatives au développement du secteur forestier ;
- Suivre et coordonner, au plan technique, les activités des services placés sous son autorité ;
- Concevoir et suivre, au plan technique, la mise en œuvre des plans, programmes et de projet en matière fa forêt, de faune et d'aires protégées.

La DGEF comprend un organe principal qui est la direction de la Faune et des Aires Protégées (DFAP). Elle a pour rôle de concevoir la réglementation adéquate découlant de la stratégie de conservation et d'assurer le contrôle de son application. Elle a donc pour objectif de proposer la politique du Gouvernement en matière de gestion durable de la faune et des aires protégées et veiller à son application. Dans le même sens, elle est chargée d'entretenir des relations de coopération avec les organismes nationaux, régionaux et internationaux spécialisés dans le domaine de sa compétence[99].

---

[98] République du Congo, Etude socio-économique et environnementale du secteur forestier, Juin 2007, p24
[99] UICN, *Parcs et réserves du Congo. Évaluation de l'efficacité de la gestion des aires protégées*, UICN 2012, p21

L'action de cette direction centrale est renforcée par l'Agence Congolaise de la Faune et des Aires Protégées (ACFAP). Établissement public à caractère scientifique et technique, doté de la personnalité juridique et de l'autonomie administrative et financière, l'ACFAP a pour de mettre en œuvre la politique nationale en matière de gestion de la faune et des aires protégées et ses principales missions se déclinent comme suit :

- assurer la préservation des habitats et la conservation durable de la biodiversité;
- assurer la coordination nationale du réseau d'aires protégées et des unités de surveillance et de lutte anti-braconnage (USLAB);
- mettre en place un système de gestion de l'information sur la faune, les aires protégées et les unités de surveillance et de lutte anti braconnage (USLAB) ;
- développer les mécanismes de financement durable pour le réseau d'aires protégées et les USLAB;
- coordonner la coopération et les partenariats avec les institutions de même nature au niveau national et international ;
- promouvoir la valorisation économique des aires protégées à travers l'écotourisme, le tourisme cynégétique et les services environnementaux;
- promouvoir l'éducation environnementale;
- contribuer au développement durable et au bien-être des populations ;
- veiller au recrutement, à la formation et à la gestion du personnel[100].

3- La Direction générale du Développement Durable (DDD)

Instituée par le décret n° 2010-76 du 2 février 2010, la Direction du Développement Durable est l'organe technique qui assiste le ministre dans l'exercice de ses attributions dans le domaine du développement durable.

À ce titre, elle est chargée, notamment, d'élaborer la stratégie nationale du développement durable, de préparer les choix stratégiques du ministère en matière de développement durable , de coordonner la mise en œuvre et le suivi des politiques de développement durable, en concertation avec toutes les parties prenantes, de veiller à la mise en cohérence des politiques et stratégies nationales relatives au développement durable, à l'application de la gouvernance du développement durable et à l'intégration et à la mise en œuvre du développement durable dans l'ensemble des politiques de l'État. Cette direction participe à la recherche et à l'innovation en matière de développement durable

---

[100] *Ibid.*

tout en définissant, avec les partenaires, les indicateurs du développement durable. Elle assure la coordination de l'observation des indicateurs du développement durable et procède au renforcement des structures institutionnelles et les procédures assurant la pleine intégration des questions de développement durable à tous les niveaux de la prise de décision[101].

Elle est animée par un directeur général et comprend plusieurs directions centrales parmi lesquelles : la direction la direction de l'écologie et des ressources naturelles, la direction des normes sectorielles et de l'harmonisation, la direction de la promotion des valeurs socioéconomiques, la direction administrative et financière. Il s'agit d'une structure entièrement impliquée dans la gestion et la conservation des forêts du Bassin du Congo. Elle participe certains projets en collaboration avec les institutions nations et internationales.

Ainsi, en 2013, cette direction générale a participé à la mise en place du Comité de pilotage de la stratégie nationale de développement durable en partenariat avec le Programme des Nations unies pour le développement (PNUD). L'élaboration de cet outil de planification est faite par les cadres des différents départements ministériels, avec l'appui de l'Organisation internationale de la francophonie.   Lors de son lancement, Michel Elenga, directeur général du développement durable, a déclaré que « *les rapports de contexte rédigés par les différents départements ministériels ainsi que les résultats du Forum national sur le développement durable, tenu en avril 2013, constituent la trame de notre stratégie* ». A ce propos, c'est à juste titre que Michel Elenga pense que « *L'engagement de notre pays[102] en faveur du développement durable doit lui permettre d'instaurer une nouvelle pratique des décisions gouvernementales, basées sur des nouvelles valeurs universelles telles que l'équité, la responsabilité, la transparence et la participation de tous les acteurs. Le rôle de tous sera fondamental dans la mise en œuvre du développement durable[103]* ».

De ce qui précède, il est ainsi de conclure que la Direction du Développement Durable œuvre pour l'approche participative dans la gestion des forêts du Bassin du Congo afin de mieux relever les défis liés au développement durable au Congo. Elle est la cheville ouvrière de la mise en place d'une stratégie nationale de développement durable au Congo, recommandée par le sommet de Johannesburg tenu en 2002.

---

[101] Article premier du décret n° 2010-76 du 2 février 2010
[102] Il parle de la République du Congo
[103] Lopelle Mboussa Gassia, *Développement durable : la stratégie nationale en cours de validation*, ADIAC du 15 Septembre 2014

Outre les directions générales, les directions départementales de l'environnement, du développement durable et l'économie forestière sont chargées de l'application et de la mise en œuvre de la politique définie par l'administration centrale sous l'autorité des préfets de région et de département. Elles ont, à leur tête, un directeur départemental et sont régies par des textes spécifiques. Les directeurs départementaux sont associés par l'administration centrale aux décisions à prendre et aux politiques à mener en matière de protection du patrimoine culturel dans les départements. Ils conduisent donc la politique culturelle de l'Etat de manière décentralisée et en assure la responsabilité de la gestion.

4- L'Inspection Générale de l'Économie Forestière et de l'Environnement (IGEFE)

Dirigée par un inspecteur qui a rang de directeur général, cette structure a été mise en place par le décret n°2004-21 du 10 février 2004 portant attributions et organisation l'Inspection Générale de l'Économie Forestière et de l'Environnement.

Au titre de ce texte, l'Inspection Générale de l'Économie Forestière et de l'Environnement est chargée d'évaluer et contrôler l'application des politiques et de la réglementation en matière de forêt, d'évaluer et contrôler l'application de la réglementation en matière forestière, hydrographique, faunique et de préservation de l'environnement, d'effectuer le contrôle technique, administratif et juridique, financier et matériel des services et organismes sous tutelle, de procéder à l'évaluation de l'application de la politique de développement de la sylviculture, de l'agroforesterie et de la foresterie communautaire ainsi qu'à l'évaluation de l'application de la politique de valorisation des produits ligneux et non ligneux[104].

De manière générale, cet organe est le « *gendarme* » chargé de surveiller et de contrôler et de surveiller l'action des organes de protection du patrimoine naturel notamment des forêts en République du Congo.

A cet effet, il procède à l'évaluation des programmes d'activités et des budgets des services centraux, départementaux ainsi que des structures sous tutelle tout en veillant à leur bon fonctionnement.

Par ailleurs, l'IGEFE a l'obligation de vérifier l'état d'exécution des cahiers de charge et des plans d'investissement des entreprises forestières, cynégétiques et des organismes sous tutelle.

---

[104] Article 1 et 8 du n°2004-21 du 10 février 2004

5- Le Centre national d'inventaire et d'aménagement des ressources forestières et fauniques (CNIARFF)

Crée par décret n°2002-435 du 31 décembre 2002, cet organe est un établissement public à caractère administratif doté de la personnalité juridique de l'autonomie financière. Il est placé sous la tutelle du ministère en charge de l'économie forestière[105].

Il a pour missions : de réaliser les programmes nationaux d'inventaire de ressources forestières et fauniques, de traiter, conserver et actualiser les données des inventaires sur la forêt, la faune et les aires protégées, d'élaborer et actualiser la cartographie forestière nationale, de proposer et suivre la révision éventuelle des plans d'aménagement des forêts et des aires protégées adoptés et mis en exécution, d'assister les services régionaux des eaux et forêts, les organismes publics et les entreprises privées des secteurs forestiers et de la faune, dans la réalisation des études et des travaux d'inventaire et d'aménagement des forêts et des aires protégées et suivre leur exécution[106].

Dans son organisation, il est assisté d'un comité de gestion et d'une direction. Le comité de gestion en tant qu'organe délibérant dispose des compétences qui portent sur les programmes d'activités, les budgets d'investissement et de fonctionnement, les rapports d'activités, l'aliénation des biens mobiliers et immobiliers… Ce comité se réunit une fois par an, en session ordinaire sur convocation de son président.

Par ailleurs, il faut souligner d'existence des organes de gestion de la mise en œuvre du processus de réduction des émissions de gaz à effet de serre liées et de l'accroissement des stocks de carbone. Ils sont institués par le décret n°2015-260 du 26 février 2015 portant création, organisation, attributions et fonctionnement les organes de gestion de la mise en œuvre du processus de réduction des émissions de gaz à effet de serre liées à la déforestation, à la dégradation des forêts, avec inclusion de la gestion forestière durable, de la conservation de la biodiversité et de l'accroissement des stocks de carbone. Il s'agit du comité national, des comités départementaux et de la coordination nationale.

6 - Le comité national REDD+

Le comité national REDD+ est un organe d'orientation et de décision du processus REDD+. Il a pour missions de décider de la vision et des options stratégiques du processus REDD+ et de définir les orientations et les directives

---

[105] Article 1er du décret n°2002-435 du 31 décembre 2002
[106] Article 2

en matière de processus REDD+. En outre, il est chargé d'arbitrer les conflits potentiels entre les parties prenantes nationales au processus REDD+ tout en disposant de la compétence d'approuver le plan de travail de la coordination nationale REDD. Ce comité est aussi chargé d'animer les débats REDD+ entre les parties prenantes nationales au processus REDD+ et d'assurer le suivi, le contrôle et l'évaluation de la mise en œuvre du processus REDD+. De ce fait, il lui appartient de fixer les modalités de la gestion et la redistribution des subventions et des ressources provenant du processus REDD+[107].

Dans sa composition, le comité national comprend des représentants de différents ministères liés de près ou de loin aux missions qui lui sont assignées. Il élabore et adopte son règlement intérieur avec pour obligation de se réunir au moins deux fois par an sur convocation de son président[108]. Le comité national REDD fait appel, à chacune de ses sessions, aux douze délégués des comités départementaux REDD avec la possibilité de faire appel à toute personne ressource[109].

7 - Les comités départementaux

Les comités départementaux REDD sont des organes de facilitation de la mise en œuvre du processus REDD+ au niveau départemental. Ils ont pour missions de faciliter la mise en œuvre des décisions du comité national REDD et du processus REDD+ au niveau départemental et de formuler, à cet effet, des propositions au comité national REDD. Ils jouent le rôle d'arbitre dans les conflits potentiels entre les parties prenantes au processus REDD+ au niveau départemental[110]. Sous l'autorité du préfet de département, chaque comité départemental REDD comprend vingt-six membres délégués par les parties prenantes. Il élabore et adopte son règlement intérieur. Il se réunit au moins une fois par trimestre sur convocation de son président[111]. Le secrétariat du comité départemental REDD est assuré par le conseil départemental. Ce comité peut faire appel à toute personne ressource[112].

---

[107] Article 4 du décret n°2015-260 du 26 février 2015 portant création, organisation, attributions et fonctionnement les organes de gestion de la mise en œuvre du processus de réduction des émissions de gaz à effet de serre liées à la déforestation, à la dégradation des forêts, avec inclusion de la gestion forestière durable, de la conservation de la biodiversité et de l'accroissement des stocks de carbone.
[108] Article 6 dudit décret
[109] Article 7 du décret
[110] Article 8
[111] Article 10
[112] Article 12

8 - La coordination nationale REDD

La coordination nationale REDD est l'organe de mise en œuvre du processus REDD+. Elle a pour missions de planifier la mise en œuvre des décisions du comité national REDD, d'attribuer la responsabilité de leur exécution aux structures compétentes des secteurs publics et/ou privés, d'assurer la gestion quotidienne du processus REDD+, de formuler des propositions au ministre chargé des forêts et assurer la mobilisation des experts nationaux et internationaux, d'élaborer et diffuser les rapports techniques et financiers du processus REDD+ et ses propres rapports d'activités[113].

La coordination nationale REDD est dirigée et animée par un coordonnateur national assisté d'une équipe technique composée d'experts. Ses membres sont recrutés par appel à candidatures parmi les cadres nationaux. La coordination nationale REDD est assistée par un personnel d'appui chargé d'animer le secrétariat, le service de documentation et le service de comptabilité[114].

Paragraphe II : Le cadre institutionnel international

Ce cadre concerne les institutions internationales qui œuvrent pour la protection du patrimoine naturel et de l'environnement au Congo. Il s'agit souvent d'organismes internationaux dont le Congo est membre et dispose du statut d'Etat Partie. Ces organismes peuvent être internationaux, régionaux ou sous-régionaux. Ils interviennent aussi bien dans la formation des ressources humaines à travers des ateliers, séminaires ou stages que dans la conception et la mise en œuvre des projets de protection des ressources naturelles.

A - Le Programme des Nations Unies pour l'Environnement (PNUE)

Créé en 1972, le Programme des Nations Unies pour l'environnement (PNUE) est l'entité du système des Nations Unies dédiée aux affaires environnementales. Chargée de l'ordre du jour dans ce domaine, elle veille en effet à la mise en œuvre cohérente du volet environnemental du développement durable au sein du système des Nations Unies, tout en plaidant efficacement la cause de l'environnement au niveau mondial. Le PNUE a pour mission de montrer la voie et d'encourager la coopération pour protéger l'environnement. Il se doit aussi d'être une source d'inspiration et d'informations pour les États et les

---

[113] Article 13
[114] Article 15

populations, dont il cherche à améliorer la qualité de vie, sans toutefois compromettre celle des générations à venir.

En d'autres termes, le PNUE est la principale autorité environnementale mondiale qui définit le programme environnemental mondial, encourage la mise en œuvre cohérente de la dimension environnementale du développement durable au sein du système des Nations Unies et défend l'environnement mondial. Basée à Nairobi, au Kenya, cette institution travaille en sept grands domaines thématiques : les changements climatiques, les catastrophes et les conflits, la gestion des écosystèmes, la gouvernance environnementale, les produits chimiques et les déchets, l'efficacité des ressources et l'environnement à l'étude. Dans tout son travail, maintient son engagement global envers la durabilité[115].

Pour ce qui est spécifiquement du Congo, le PNUE intervient dans les domaines suivants :

- l'appui au processus de rédaction de la Politique Nationale de Gestion Durable des Ressources en Eau (PNGDRE) ;
- l'assistance juridique et technique dans la mise en place du cadre règlementaire environnemental ;
- le soutien aux zones protégées ;
- la mise en lumière de l'exploitation illégale des ressources naturelles des forêts du Bassin du Congo en collaboration avec le PNUD de Brazzaville[116].

Par ailleurs, le PNUE a joué un rôle très déterminant dans la mise en place du Fonds des Forêts du bassin du Congo (FFBC). En effet, 2007, le Gouvernement du Royaume-Uni, à travers le PNUE, a annoncé la disponibilité de la somme de 100 millions de dollars US comme contribution à la mise en place du Fonds pour les Forêts du Bassin du Congo afin de soutenir la conservation et la gestion durable des écosystèmes forestiers dudit bassin. Dans le souci de gagner du temps, une somme initiale de 16 millions de dollars US a été débloquée pour permettre le démarrage effectif du FFBC. La contribution du Royaume-Uni est destinée au financement du processus en cours, portant sur la promotion de la conservation et la gestion durable des écosystèmes forestiers de la sous-région et à la contribution de la réduction de la pauvreté, processus devant aboutir à la mise en œuvre du plan de convergence de la Commission des Forêts d'Afrique

---

[115] UNEP, Rapport d'Assemblée des Nations Unies pour l'environnement du Programme des Nations Unies pour l'environnement, UNEP, Nairobi, 11–15 mars 2019, p7
[116] Programme des Nations Unies pour le développement qui coordonne toutes les activités du système des Nations Unies au Congo

Centrale (COMIFAC), en collaboration avec le processus du Partenariat pour les Forêts du Bassin du Congo (PFBC[117]).

C'est donc dans le but d'accélérer la procédure de financement du Fonds des Forêts du bassin du Congo que le PNUE a mis en œuvre une structure de gouvernance provisoire. Cette initiative du PNUE est un véritable élément d'incitation car elle a servi de facteur catalyseur. En effet, à partir de là, le FFBC s'est enrichi de bien d'autres contributions additionnelles significatives de la part d'autres donateurs bilatéraux et multilatéraux. Ainsi, c'est matérialiser l'internationalisation du Fonds.

Enfin, il faut noter que de nombreux donateurs et partenaires sont actifs grâce aux efforts du PNUE dans l'élaboration et la mise en place les politiques environnementales et forestières d'une part ; et dans l'harmonisation et la mobilisation des ressources (financières et humaines), d'autre part.

Il est tout aussi important de noter que le PNUE veille à la perception de la gestion des fonds pour le Bassin du Congo. Pour y arriver, il a été mené des consultations avec tous les partenaires publics et privés (Gouvernements des PBC[118], institutions internationales, régionales, sous-régionales et nationales, société civile…) afin d'harmoniser les points de vue sur la perception de la gestion des fonds pour le Bassin du Congo.

Il apparaît évident que c'est grâce aux efforts et à l'appui du PNUE que l'on a pu harmoniser les conceptions avec pour conséquence la création de la Structure de Gouvernance du Fonds à la fois au niveau de la prise de décision et de la gestion. La déclaration de Tunis du 21 – 22 février 2008 mandate la Banque Africaine de Développement[119] de l'abriter en tant que gestionnaire, d'être le catalyseur, et d'être le coordinateur de nouveaux financements pour la conservation et la gestion durable des écosystèmes forestiers du Bassin du Congo[120].

B - L'Organisation des Nations Unies pour l'Éducation, la Science et la Culture (UNESCO)

Selon le préambule de l'Accord de Siège signé le 18 mars 1997 entre l'UNESCO et le Gouvernement de la République du Congo, le Bureau de Brazzaville a pour mission de mettre en œuvre en République du Congo des

---

[117] PNUE, *Etude sur la mise en place du fonds des forêts du bassin du Congo. Structure de Gouvernance*, PNUE 2012, p6
[118] Pays du Bassin du Congo
[119] Banque Africaine de Développement
[120] PNUE, *Op., Cit.*, p14

programmes approuvés par la Conférence Générale de l'Unesco. Concernant le patrimoine naturel, le Bureau UNESCO de Brazzaville est chargé d'accompagner la mise en œuvre des conventions de 1972 sur le patrimoine mondial.

Il faut tout de suite noter que seule la Convention de 1972 dite convention du patrimoine mondial, culturel et naturel nous intéresse ici. Elle a été ratifiée par le Congo le 10 octobre 1987[121]. Encore appelée convention du patrimoine mondial, ce texte porte protection internationale du patrimoine culturel et naturel. Il fait remarquer que les patrimoines culturel et naturel sont de plus en plus menacés et cette menace est soit l'œuvre de l'homme, soit de l'évolution de la vie sociale et économique qui accélère les phénomènes de dégradation. La Convention invite le Congo à assurer la protection de son patrimoine national et international dans les conditions efficaces.

En vertu de cette Convention, le Congo se reconnaît l'obligation d'assurer l'identification, la protection, la conservation, la mise en valeur et la transmission aux générations futures du patrimoine culturel et naturel situé sur son territoire. Il agit grâce à ses ressources disponibles ou au moyen de l'assistance et de la coopération internationales dont il pourra bénéficier, notamment aux plans financier, artistique, scientifique et technique[122]. La particularité de cette mesure réside dans la possibilité pour le Congo d'assurer à la fois la protection de la nature et de préservation des biens culturels. La Convention reconnaît ainsi l'interaction entre l'être humain et la nature et le besoin fondamental de préserver l'équilibre entre les deux[123]. La principale conséquence de cette disposition est l'obligation pour le Congo d'assurer la protection de son patrimoine sur la base des mesures bien spécifiques, déterminées par la convention.

Ainsi, l'action du Centre du patrimoine mondial de l'UNESCO se manifeste par la mise en place de plusieurs programmes pour la conservation du patrimoine naturel du bassin du Congo coordonnés à l'Unité des projets spéciaux du Centre du patrimoine mondial. Les plus importants sont :

L'Initiative pour le patrimoine mondial forestier d'Afrique centrale (CAWHFI) est un Programme de Conservation de la biodiversité en zones de conflits armés et l'Initiative pour le patrimoine mondial forestier d'Afrique centrale (CAWHFI). À travers cette initiative, s'est formé un réseau

---

[121]UNESCO, États parties. *Situation de la Ratification* http://whc.unesco.org/fr/etatsparties/, consulté le 13 juillet 2020
[122]Préambule de la convention sur le patrimoine mondial de 1972
[123]Dominique Louppe, Gilles Mille, Mémento du forestier tropical, Quae, 2 déc. 2015 – p189

transfrontalier d'aires protégées exceptionnelles et de sites du patrimoine mondial dont l'intégrité est maintenue et où le contrôle du braconnage et la régulation du commerce de la viande de brousse constituent un exemple et une source d'inspiration pour la gestion des écosystèmes forestiers d'Afrique centrale et d'ailleurs.

L'Initiative pour le Patrimoine Mondial Forestier d'Afrique Centrale a pour mission d'améliorer la gestion des sites forestiers du Cameroun, de la République centrafricaine, du Congo et du Gabon susceptibles d'être reconnus pour leur valeur universelle exceptionnelle et améliorer leur intégration au sein des paysages écologiques[124].

De manière générale, l'Initiative CAWHFI comprend trois composantes à savoir :

La composante CAWHFI cofinancée par la Fondation des Nations Unies qui vise à mettre en place des interventions sur l'amélioration de la gestion des paysages transfrontaliers du Tri-national de la Sangha, de *Gamba-Mayumba-Conkouati* et du Tri-national *Dja-Odzala-Minkébé*, en vue de réduire significativement le braconnage qui les affecte. Cette composante a connu la collaboration de plusieurs ONG de conservation, les services de gestion de la faune et des aires protégées des quatre États parties (Cameroun, République centrafricaine, Congo et Gabon), et la FAO. Les premières activités de terrain de cette composante ont démarré dans le courant de l'année 2004. Cofinancée à hauteur de 50% par la Fondation des Nations Unies, ce projet de 6,6 millions de dollars a obtenu l'autre moitié de ses financements dans la contribution directe des ONG de mise en œuvre de ce projet[125].

La composante CAWHFI financée par le Fonds Français pour l'Environnement Mondial. Celle-ci est la suite logique du processus mis en place pour la réalisation du projet. En effet, cette composante est la résultante de l'obligation d'une meilleure gestion de l'ensemble du paysage écologique, socio-économique et culturel local par les États du BFC. De cette obligation est née l'impérative collaboration entre le Centre du patrimoine mondial de l'UNESCO et le Fonds Français pour l'Environnement Mondial, avec en toile de fond le développement d'une conception qui prend en compte les préoccupations de gestion durable. Ainsi, une nouvelle composante, axée sur la sensibilisation et la responsabilisation des parties prenantes locales aux problématiques de gestion durable de la faune, a été développée en partenariat avec WCS et WWF[126].

---

[124] CA.WH.FI, Central *Africa World Heritage Forest Initiative*, CA.WH.FI 2007, p79
[125] *Ibid.*
[126] CA.WH.FI, *Op., Cit.*, p81

La composante CAWHFI financée par la Commission Européenne. Cette troisième composante, financée par la Commission européenne, a permis de poursuivre les activités de CAWHFI en renforçant les initiatives en faveur de la conservation et du développement durable des espaces, des espèces et des peuples du bassin du Congo[127].

Cette composante vise en particulier protection internationale des aires protégées des forêts du Bassin du Congo à travers la Convention du patrimoine mondial. Ainsi donc, la mise en œuvre de cette composante a abouti à l'inscription du TNS[128] sur la Liste du patrimoine mondial en 2012 ; ce qui est l'aboutissement du processus de montage de la proposition d'inscription appuyé par l'UNESCO et WCS. Les gouvernements du Congo et du Gabon ont signé un accord pour la mise en place du Parc transfrontalier de Mayumba-Conkouati[129].

La mise en œuvre de la composante de l'Initiative pour le Patrimoine Mondial Forestier d'Afrique Centrale financée par la Commission européenne a été globalement satisfaisante. L'atteinte des objectifs a notamment pu être réalisée grâce à la collaboration réussie entre les partenaires techniques de cette composante et grâce au succès de la concertation entre les parties prenantes (autorités nationales et locales, secteur privé, populations locales). Il convient de noter la participation active des populations locales à la planification et à la mise en œuvre des activités liées à la conservation[130].

Le Programme de Conservation de la biodiversité en zones de conflits armés

Ce programmé a été initié par le Centre du patrimoine Mondial de l'UNESCO en 2000. Il vise à éviter la dégradation des sites de valeur universelle exceptionnelle en période de conflits armés. En réalité, il a été mis en place afin de préserver l'intégrité des 5 sites congolais[131] dans un pays en situation de conflit prolongé.

Il faut noter que ce programme ne concerne pas les forêts du Bassin du Congo dans l'espace géographique de la République du Congo car ces forêts sont situées au nord du pays, zone qui n'a jamais connu de conflits armés.

---

[127] Jean-Christophe Lefeuvre, La composante CAWHFI financée par la Commission Européenne, UNESCO 2008, p4
[128] Tri National Sangha
[129] Jean-Christophe Lefeuvre, *Op, Cit*, p5
[130] *Ibid.*
[131] République Démocratique du Congo différente de la République du Congo, objet de notre étude.

C - L'Union internationale pour la conservation de la nature (UICN)

Cette institution voit le jour le 5 octobre 1948, grâce à l'appui de Julian Huxley[132], après la conférence internationale de Fontainebleau de l'UNESCO[133] en France. C'est à l'UICN que l'on doit la première utilisation du concept « *sustainable development* » traduit à tort par développement durable[134]. Elle a vite révélé son importance au point de compter aujourd'hui 13.000 organisations membres et 10.000 experts en conservation, protection et sauvegarde du patrimoine naturel notamment forestier. Ce vaste réseau qui s'est très vite diversifié s'est donné pour mission d'influencer, d'encourager et d'aider les sociétés à conserver l'intégrité et la diversité de la nature et d'assurer que les ressources naturelles soient utilisées d'une manière équitable et durable.

L'UICN fait aujourd'hui autorité au niveau international sur l'état de la nature et des ressources naturelles dans le monde et sur les mesures pour les préserver. Nos experts se divisent en six Commissions, dédiées à la sauvegarde des espèces, au droit de l'environnement, aux aires protégées, aux politiques économiques et sociales, à la gestion des écosystèmes, et à l'éducation et la communication. C'est grâce à sa capacité de rassembler les diverses parties prenantes, d'apporter les dernières connaissances scientifiques et des recommandations objectives, et à son expertise sur le terrain, que l'UICN mène à bien sa mission d'informer et de valoriser les efforts de conservation dans le monde [135].

C'est une institution qui comporte en sein des États et des ONG de la société civile avec pour but principal de constituer une plateforme servant à fournir des outils nécessaires pour que le progrès humain, le développement économique et la conservation de la nature se réalisent en harmonie. En réalité, l'UICN a été mise en place pour concilier l'exploitation des ressources et le développement humain en faisant de cette interrelation la condition même de son existence.

Elle tire sa notoriété en ce qu'elle offre un cadre idéal de collaboration pour tous les partenaires (ONG, publics, privés, société civile...) afin d'apporter des réponses à la lutte contre la protection de l'environnement, la biodiversité, les changements climatiques afin de mettre en œuvre le développement durable. À

---

[132] Julian Huxley est un britannique né en 1887 et décédé en 1975. Biologiste, théoricien de l'eugénisme, il est connu pour ses ouvrages sur la science. Il a été le premier directeur de l'UNESCO et fondateur de l'ONG WWF

[133] Yannick Mahrane (dir.), « De la nature à la biosphère, L'invention politique de l'environnement global 1945-1972 », in *Cairn.info*, Revue d'histoire 2012, n°113, p130

[134] Jonathan Tardif, Écotourisme et développement durable, VertigO - la revue électronique en sciences de l'environnement [Online], Volume 4 Numéro 1 | mai 2003, posto online no dia 01 maio 2003, consultado o 16 abril 2019. URL : http://journals.openedition.org/vertigo/4575 ; DOI : 10.4000/vertigo.4575

[135] UICN, Présentation de notre histoire, UICN 2018, Url : https://www.iucn.org/fr/a-propos-1, consulté le 22 avril 2018

ce titre, l'UICN, seule organisation environnementale ayant le statut officiel d'Observateur des Nations Unies, veille à ce que la conservation de la nature soit entendue au plus haut niveau de la gouvernance internationale.

Pour ce qui est des forêts du Bassin du Congo, l'UICN à contribuer à la mise en place de l'Observatoire régional pour la biodiversité et les aires protégées en Afrique centrale. En effet, le Programme pour la biodiversité et la gestion des aires protégées (BIOPAMA) a lancé l'Observatoire régional pour la biodiversité et les aires protégées en Afrique centrale à Brazzaville au Congo en 2014. L'Initiative BIOPAMA, financée par le Fonds ACP de l'Union européenne, vise à offrir une meilleure compréhension des tendances et des menaces qui pèsent sur les aires protégées en Afrique centrale, afin de soutenir les processus décisionnels et améliorer la gestion des aires protégées. Elle est mise en œuvre par l'Union internationale pour la conservation de la nature (UICN) et le Centre commun de recherche (CCR) de la Commission européenne, en collaboration avec l'Observatoire pour les forêts d'Afrique centrale (OFAC).

L'Observatoire régional contribue à la collecte et au partage des informations et données pertinentes sur les aires protégées en Afrique centrale, et soutient les processus décisionnels des gouvernements de la région[136].

D'autre part, l'UICN coordonne le Programme régional pour l'environnement en Afrique Centrale (CARPE). Ce programme financé par l'Agence américaine pour le développement international est une initiative à long terme visant à s'atteler aux problématiques de déforestation, la gestion durable des forêts, la perte de la biodiversité et le changement climatique dans le Bassin du Congo. Le programme CARPE vise à améliorer la gestion des massifs forestiers dans le bassin et à renforcer les capacités des gouvernements et de la population locale afin de gérer ces ressources sur le plan local, national et régional[137].

Par ailleurs, le CARPE permet de mettre en œuvre des programmes complémentaires d'assistance technique financés par le Département d'État américain et l'USAID. Ils mettent l'accent sur le renforcement des capacités dans les domaines du changement climatique, de la réduction des émissions provenant de la déforestation et de la dégradation des forêts ainsi que la mesure du carbone forestier et sa surveillance[138]. En ce sens, le CARPE (Programme régional de l'Afrique centrale pour l'environnement) a accordé des micro-

---

[136]Aurélie Binot, *La conservation de la nature en Afrique centrale entre théorie et pratiques. Des espaces protégés à géométrie variable*, Thèse de Géographie, Université Paris 1, p201
[137] UICN, *Analyse de situation de l'UICN concernant la faune terrestre et d'eau douce en Afrique centrale et de l'Ouest*, UICN 2015, p81
[138] Kenneth Angu, David Yanggen, *Conservation à l'échelle du Paysage dans le Bassin du Congo : Leçons tirées du Programme régional pour l'environnement en Afrique centrale* (CARPE), UICN 2010, p173

subventions à quatre ONG, pour financer leurs projets retenus, dans le cadre de la gestion durable de l'environnement. Ces micro- subventions ou *small grant* sont une façon pour le CARPE de contribuer au renforcement des capacités de la société civile, à travers le financement des micro-projets de développement et de gestion durable des ressources naturelles[139].

D - L'Organisation pour l'alimentation et l'agriculture (FAO)

L'Organisation pour l'alimentation et l'agriculture (FAO) est l'agence spécialisée des Nations Unies qui mène les efforts internationaux vers l'élimination de la faim. Son objectif est d'atteindre la sécurité alimentaire pour tous et d'assurer un accès régulier et suffisant à une nourriture de bonne qualité permettant à tous, de mener une vie saine et active. Avec plus de 194 pays membres, la FAO travaille dans plus de 130 pays à travers le monde. Nous croyons que nous avons tous un rôle à jouer dans l'éradication de la faim[140].

La FAO dispose d'une Bureau National à Brazzaville qui est chargé qui apporte son expertise dans les domaines suivants :

- la modernisation de la petite agriculture, de la production animale et de L'aquaculture, y compris L'amélioration de la production agricole et horticole, de L'élevage de volailles et de petits ruminants ainsi que la production bovine;
- le renforcement de L'appui au développement durable et à la lutte contre les effets du changement climatique, en mettant L'accent sur le Programme national de boisement et de reboisement, sur le renforcement des capacités de gestion des mangroves, sur les services de surveillance des forêts et sur le renforcement de la conservation de la biodiversité;
- la promotion des organisations de la société civile et des organisations de producteurs, en s'appuyant sur L'inclusion des communautés locales dans la gestion des coopératives locales, et sur des approches participatives de développement des filières maïs, manioc, pêches et aviculture[141].

La FAO s'est véritablement impliquée dans gestion durable des Forêts du Bassin du Congo pour un avenir durable. En effet, les actions de la FAO ces deux dernières décennies ont contribué à la gestion durable de la ressource forestière du Bassin du Congo. A cet effet, Dan Rugasira, Coordonnateur sous-régional pour l'Afrique centrale et Représentant de la FAO au Gabon et Sao Tomé et

---

[139] Aurélie Binot, *Op, Cit*, p23
[140] FAO, *Histoire de la FAO*, FAO 2016, Url : http://www.fao.org/about/fr/, consulté le 14 juillet 2018
[141] FAO, *Gestion durable des forêts tropicales en Afrique Centrale*. Recherche d'excellence, FAO 2004, p12

Principe, estime que les actions de la FAO dans la sous- région se sont déclinées en termes de :

- Soutien aux institutions sous régionales. Il s'est agi pour la FAO, d'apporter un appui à la création des institutions à caractère sous régional, dédier à la défense des intérêts des forêts du bassin du Congo et d'apporter un appui aux structures comme la CEFDHAC (organe de coordination des partenaires et de la société civile), l'UICN et le WWF. Par ailleurs, la FAO a contribué à la mise en place de la COMIFAC (organisation fiable et crédible), en réponse aux exigences de la conférence de Yaoundé, et à la nécessité et à l'urgence d'avoir une institution qui est chargée d'implémenter la déclaration de Yaoundé. Et les acteurs clés de la sous-région (États, partenaires, société civile) se reconnaissent en cette structure à qui ils apportent leur soutien multiforme.

- Soutien aux fondamentaux de la gestion des ressources forestières : la planification, la politique et de soutien juridique. La FAO a apporté un appui dans l'élaboration du plan de convergence de la COMIFAC, qui permet d'harmoniser les politiques des pays du bassin du Congo autour de la gestion durable des ressources forestières et de la participation communautaire dans le processus. Dans certains pays, la FAO a apporté un appui dans l'élaboration des politiques et des codes forestiers, notamment au Cameroun où le processus est en cours, en République centrafricaine, au Congo, en République démocratique du Congo et au Gabon. La FAO continue à soutenir la COMIFAC dans la conception du système de surveillance national, qui permet de fournir des données essentielles sur les ressources forestières nationales et qui constituent une base de planification forestière et d'élaboration des politiques, pour les pays impliqués dans le processus REDD+. Ce système prend en compte les exigences en matière de surveillance et de mesure, notification et vérification (MRV), en conformité avec les accords internationaux ainsi que ceux établis par la Convention-cadre des Nations Unies sur les changements climatiques.

La sécurité alimentaire et la contribution des forêts. La FAO a développé un programme de valorisation des produits forestiers non ligneux (PFNL), à travers la création des petites entreprises pour sa collecte et sa commercialisation. Ce qui a permis à la forêt de contribuer à la sécurité alimentaire. Le succès de ce programme a fait l'objet du partage d'expérience avec les partenaires lors de la

Conférence internationale sur les forêts pour la sécurité alimentaire et la nutrition tenu en Mai 2013[142].

D'autre part, il est important de souligner l'apport considérable de la FAO dans la surveillance des forêts du Bassin du Congo. En effet, en 2012, La FAO a annoncé le lancement d'un projet doté de près de 4 milliards de francs CFA pour améliorer les systèmes de surveillance nationaux des forêts dans dix pays du bassin du Congo en Afrique centrale.

Financé par le Fonds pour les forêts du bassin du Congo (FFBC), lancé par la Norvège et le Royaume-Uni via la Banque africaine de développement (BAD), le projet a précisément pour objectif de renforcer les capacités régionales et permettre aux pays de consolider leur coopération dans le secteur forestier, notamment en ce qui concerne leurs capacités à fournir des données et des informations fiables et transparentes sur les forêts.

Piloté conjointement par les deux organes concernés, (la FAO et la Commission des forêts d'Afrique centrale), ce projet bénéficie de l'appui technique de l'Institut national brésilien de recherche spatiale[143] (INPE).

Pour mieux jouer son rôle d'organe de surveillance, la FAO fournit aux pays son assistance technique en matière de technologies de télédétection afin d'évaluer le couvert forestier et les changements qu'il peut subir. Elle les aide aussi en matière d'évaluation du volume de carbone stocké dans les forêts de la région, dans le cadre du mécanisme onusien de financements de réduction des émissions dues à la déforestation et la dégradation REDD+[144]».

En mettant en œuvre ce projet, la FAO estime que « *Si le taux de déforestation dans le bassin du Congo est "relativement faible", les impacts du changement dans l'utilisation des terres, l'exploitation forestière non durable et minière constituent les principales menaces pesant sur ces forêts[145]* ». Ce qui justifie son intervention dans le domaine de la protection des écosystèmes forestiers du Bassin du Congo.

---

[142] FAO, *Gestion participative et développement des produits forestiers non ligneux*, FAO 2017, Rapport de mi-parcours sur la décennie 2015-2025, p22

[143] L'expérience brésilienne montre qu'un système national de surveillance de la forêt est l'élément-clé pour préparer le terrain à un soutien international substantiel visant à la protection des forêts et à la promotion de leur gestion durable

[144] Loic Ntoutoume, « Les forêts du bassin du Congo sur la surveillance de la FAO », in *ENVIRONNEMENT*, août 2012, url : http://gabonview.com/blog/category/enviro/, consulté le 14 juillet 2020

[145] FAO, *Op. Cit*, p17

E - Le Fond Mondial pour la Nature (WWF)

C'est l'une des toutes premières organisations indépendantes de protection de l'environnement dans le monde, avec un réseau actif dans plus de 100 pays et fort du soutien de près de 6 millions de membres. Le WWF travaille activement, avec la FAO, auprès de l'ensemble des parties prenantes pour permettre le développement de la foresterie durable, via le mécanisme de REDD+ (Réduction des Émissions dues à la Déforestation et à la Dégradation des forêts), dans les pays du Bassin. Puisque le WWF et la FAO constatent l'absence de progression du secteur de la foresterie durable dans le Bassin du Congo depuis quelques années, ils ont développé un projet permettant d'évaluer l'ensemble de la chaîne de valeur et d'identifier les freins qui empêchent la foresterie durable de sortir de cette situation de statu quo. Pour cela, ils mènent une analyse fine pour comprendre comment les gains sont générés et la façon dont ils se distribuent le long de la chaîne de valeur, ils recensent les goulots d'étranglements (faiblesses dans le processus qui pénalisent son développement) ainsi que les points de levier susceptibles de relancer le secteur de la foresterie durable.

Le WWF organise des ateliers de consultation des parties prenantes dans les pays concernés par la protection de la forêt permettent de faire ressortir plusieurs éléments clés comme le rôle central des institutions dont l'efficacité est déterminante pour assurer le développement du secteur de la foresterie durable.[146]

Les forêts du Bassin du Congo sont une cible prioritaire de conservation de WWF. À titre d'illustration ces forêts ont fait et font l'objet d'intenses discussions au niveau global, régional, et national. L'accord historique de Paris[147] prouve à quel point les États sont concernés par la gestion durable des écosystèmes forestiers. Point n'est besoin de rappeler l'impérative nécessité pour les États de contribuer à réduction des GES et de procéder au reboisement et l'afforestation. Dans ce contexte, et en vue de contribuer de façon significative à ces objectifs globaux, la vision de WWF pour les forêts se traduit par : « *l'intégrité des forêts les plus importantes dans le monde, y compris leurs bénéfices pour le bien-être des humains est améliorée et maintenue* ».

---

[146], Raoul Siemeni, *Les forêts du Bassin du Congo : une des cibles prioritaires de conservation de WWF*, WWF 2017, p11

[147] Lors de la COP21 à Paris, le 12 décembre 2015, les Parties à la CCNUCC sont parvenues à un accord historique pour lutter contre le changement climatique et pour accélérer et intensifier les actions et les investissements nécessaires à un avenir durable à faible intensité de carbone. L'Accord de Paris s'appuie sur la Convention et - pour la première fois - rassemble toutes les nations autour d'une cause commune pour entreprendre des efforts ambitieux afin de combattre le changement climatique et de s'adapter à ses conséquences.

C'est dans ce contexte que l'organisation a mis en place, au niveau du bassin du Congo, un programme de forêts qui regroupe les 5 pays concernés à savoir le Cameroun, le Congo, la République Centrafricaine, la République Démocratique du Congo et le Gabon.

La mise en place de ce programme répond à une vision globale et consiste à apporter des solutions aux enjeux et défis du développement durable.

Ainsi, le programme régional de WWF pour l'Afrique Centrale vise à construire des mécanismes durables pour préserver la biodiversité, la forêt et le carbone. Il s'agit d'aider à mettre en place d'ici à 2020, une stratégie claire et coordonnée est adoptée et mise en œuvre dans chacun des pays du bassin du Congo, afin d'atteindre un taux annuel de déforestation zéro dans le bassin du Congo. Aussi, ce programme se décline-t-il en cinq (5) principaux axes stratégiques qui sont : le Développement des politiques pour la conservation des forêts, la Gestion responsable des forêts et la certification forestière, le Renforcement de la Société Civile[148].

F - La Conférence sur les écosystèmes de forêts denses et humides d'Afrique centrale (CEFDHAC)

Reconnue par les Chefs d'État dans le Traité instituant la COMIFAC de 2005, la Conférence sur les Écosystèmes de Forêts denses et humides d'Afrique Centrale (CEFDHAC) est un processus multi-acteurs lancé en 1996 à Brazzaville au Congo pour promouvoir la conservation et l'utilisation durable des ressources forestières d'Afrique Centrale. Initialement appelée Processus de Brazzaville, la CEFDHAC est née de la volonté des membres et partenaires de l'UICN en Afrique Centrale de créer un forum de discussion et de concertation sur les grandes questions qui interpellent tous les acteurs concernés par les forêts d'Afrique Centrale. Elle a été créée à l'initiative des Ministres en charge des forêts, de la société civile et du secteur privé du Bassin du Congo.

La CEFDHAC regroupe, de ce fait, à travers les fora d'échanges et de discussions, tous les acteurs impliqués dans la gestion durable des écosystèmes forestiers. La CEFDHAC a pour mission de : *"sensibiliser et encourager les acteurs à conserver les écosystèmes forestiers de la sous-région et à utiliser de façon durable et équitable les ressources qu'ils recèlent".*[149].

Organisation sous-régionale regroupant les États, les organisations non gouvernementales nationales et sous-régionales, le secteur privé et les autres

---

[148] Raoul Siemeni, *Op. Cit.*, p12
[149] *Ibid*

parties prenantes dans la gestion des forêts d'Afrique centrale, la CEFDHAC est la seule plateforme qui regroupe tous les acteurs des deux secteurs forêt-environnement. Cette institution sert donc de cadre de concertation et de coopération dans le but de matérialiser les décisions issues des échanges. De ce point de vue, la CEFDHAC est la manifestation de volonté de tous les partenaires à converger une vision unique : celle de veiller à la conservation leurs écosystèmes forestiers et à l'utilisation durable et équitable des ressources qu'ils recèlent.

Elle se conçoit à la fois comme :

- un forum d'orientation à travers l'articulation de tous les groupes d'acteurs intervenant dans la région.
- Un forum dont l'ensemble des idées et des réflexions concourt à la prise de décision par des autorités politiques impliquées dans les questions environnementales et forestières en Afrique centrale.
- Un forum de concertation et d'échange d'expériences ouvert à tous les intervenants du secteur forestier en vue d'une gestion équitable et durable des écosystèmes forestiers d'Afrique centrale[150].

La vision de la CEFDHAC reconnue par l'article 18 du traité de la COMIFAC est : *un forum dynamique d'échanges favorisant la concertation multi-acteurs en vue de l'adhésion des parties prenantes au processus de gestion durable des écosystèmes des forêts d'Afrique Centrale*[151]. La CEFDHAC comprend un comité de pilotage qui réunit en son sein les présidents pays et des coordonnateurs des réseaux, présidé par un bureau dirigé par un président, un vice-président et un secrétaire. L'organisation travaille en réseau et a ainsi pu réaliser quelques actions majeures comme :

- la tenue de plusieurs fora sous régionaux et des rencontres du comité de pilotage
- L'élaboration de programmes de formation de référence et l'organisation de séminaires de formation sur plusieurs thématiques
- L'appui aux groupes nationaux de contact de la CEFDHAC dans la mise en œuvre de microprojets.
- Le développement d'une forte synergie dans la mise en œuvre des actions avec différents partenaires techniques et financiers.
- Le développement dans la sous-région d'initiatives de gestion des aires protégées transfrontalières[152].

---

[150] Parfait Oumba, *Op., Cit.*, p24
[151] *Ibid.*
[152] Parfait Oumba, Op., Cit., p31

G- La Commission des Forêts d'Afrique Centrale – COMIFAC

Cette organisation a été créée par un traité signé à Brazzaville, le 5 Février 2005, et dont la gestion est assurée par un secrétariat dirigé par un Secrétaire Exécutif dont la désignation est influencée par des considérations politiques[153]. Elle structure assure au niveau sous-régional la conservation, la gestion durable et concertée des écosystèmes forestiers. Elle fait partie des institutions à l'échèle planétaire qui œuvrent pour la promotion du droit des peuples à compter sur les ressources forestières pour soutenir leurs efforts de développement économique et social.

La Commission des forêts d'Afrique centrale (COMIFAC[154]) a été créée pour fournir une orientation politique et technique, une coordination, harmonisation et prise de décision dans la conservation et la gestion durable des écosystèmes forestiers et des savanes de la région. En effet, en février 2005, au cours du deuxième sommet des chefs d'État organisé à Brazzaville, la COMIFAC a adopté un plan pour une meilleure gestion et conservation des forêts d'Afrique centrale : le « Plan de convergence » qui définit des stratégies communes d'intervention pour les États et les partenaires au développement dans la conservation et la gestion durable des écosystèmes forestiers et des savanes d'Afrique centrale. Il est structuré autour de dix activités stratégiques qui sont les suivantes :

- L'harmonisation des politiques forestières et fiscales
- La connaissance des ressources ;
- Le développement des écosystèmes forestiers et reboisement ;
- La conservation de la diversité biologique ;
- Le développement durable des ressources forestières
- Le développement d'activités alternatives et réduction de la pauvreté
- Le renforcement des capacités, participation des parties prenantes, information, formation
- La recherche et développement
- L'élaboration de mécanismes de financement
- La coopération et les partenariats[155].

Il est important de préciser que la COMIFAC est née de la matérialisation des engagements souscrits en mars 1999 dans la « *Déclaration de Yaoundé* » par les

---

[153] PNUE, *Étude sur la mise en place du fonds des forêts du bassin du Congo. Structure de Gouvernance*, PNUE 2012, p10
[154] Mise en place en mars 1999, la COMIFAC est une plateforme de travail pour dix pays d'Afrique centrale (Burundi, Cameroun, République du Congo, Gabon, Guinée équatoriale, République centrafricaine, République démocratique du Congo, Rwanda, Sao Tomé-et-Principe, Tchad).
[155] COMIFAC, *Plan de gestion et de conservation des forêts d'Afrique centrale*, février 2015, p7

Chefs d'État d'Afrique Centrale. Elle regroupe en son sein dix pays membres de la sous-région[156] partageant un héritage naturel commun. L'institution s'investit pour que la voix de l'Afrique Centrale soit mieux entendue et ses positions défendues sur les tribunes où les questions forestières et environnementales sont débattues. La COMIFAC agit également au quotidien afin que les pays de l'Afrique Centrale se dotent et mettent en œuvre des politiques forestières et environnementales harmonisées en vue de la conservation et de la gestion durable des ressources forestières[157].

Les missions de cette structure sont énoncées à l'article 5 de son Traité constitutif. En ce sens, la COMIFAC est chargée de l'orientation, de l'harmonisation et du suivi des politiques forestières et environnementales en Afrique Centrale. Elle doit à ce titre :

- Assurer l'harmonisation des politiques forestières et la mise en place des instruments d'aménagement dans ses États membres ;
- Inciter les gouvernements des pays membres à la création de nouvelles aires protégées, l'élaboration et la mise en œuvre des plans de gestion des aires protégées ;
- Contribuer à l'accélération du processus de création des aires protégées transfrontalières tout en renforçant la gestion des aires protégées existantes ;
- Faciliter la mise en place des actions concertées en vue d'éradiquer le braconnage et toute autre exploitation non durable des ressources forestières dans la sous-région ;
- Faciliter la mise en place dans chaque État, des mécanismes durables de financement du développement du secteur forestier ;
- Faciliter le développement d'une fiscalité forestière adéquate dans ses États membres ;
- Favoriser le renforcement des actions visant à accroître la participation des populations rurales dans la planification et la gestion des écosystèmes;
- Promouvoir et accélérer le processus d'industrialisation du secteur forestier ;
- Favoriser la promotion d'une plus grande implication des opérateurs économiques dans le processus de gestion durable et de conservation des écosystèmes forestiers ;
- Promouvoir l'organisation des fora nationaux et sous-régionaux d'échanges d'expériences ;

---

[156] Il s'agit du Congo, de la RDC, de la RCA, du Cameroun, du Gabon, de la Guinée Équatoriale, du Tchad, de l'Angola, du Rwanda, du Burundi
[157] COMIFAC, *Op, Cit*, p8

- Favoriser la mise en place des réseaux liant les institutions pertinentes de recherche et de développement forestier ;
- Renforcer la coordination ainsi que la coopération entre toutes les organisations nationales et internationales impliquées dans les actions de conservation et de gestion durable des écosystèmes forestiers[158].

Afin de rendre son action plus efficace, la COMIFAC a institué des coordinations nationales chargées favoriser un meilleur ancrage de son action avec les processus au niveau national, et permettre une appropriation des priorités du Plan de Convergence, des passerelles ont été établies à travers la mise en place des Coordinations Nationales. En effet, le Conseil ordinaire des Ministres de la COMIFAC réunis à Malabo en Guinée Equatoriale en septembre 2006, avait invité les pays membres à prévoir dans l'organigramme du Ministère en charge des forêts, un coordonnateur National de la COMIFAC (CNC), placé à un niveau hiérarchique lui permettant d'accéder facilement au Ministre, et à mettre à la disposition un budget pour son fonctionnement.

Ainsi instituées, les Coordinations Nationales COMIFAC ont pour missions de :

- Conseiller les décideurs nationaux (Gouvernement, Parlement, autres grandes institutions étatiques) sur le processus COMIFAC ;
- Coordonner la mise en œuvre du plan de convergence COMIFAC au niveau national et en assurer le suivi tant au niveau national que sous régional ;
- Représenter le Secrétariat Exécutif aux niveaux national, sous-régional et international
- Servir de relais entre le SE et les pays membres ;
- Assurer l'interface pour la mise en œuvre du plan de convergence ;
- Procéder à l'animation du réseau des Points Focaux des autres initiatives ;
- Assurer le secrétariat des fora nationaux.

A travers lesdites missions, les Coordinations Nationales COMIFAC (CNC) servent de relais au Secrétariat Exécutif dans sa mission de suivi, de coordination de la mise en œuvre du plan de convergence, et pour assurer dans le cadre de leur mandat, l'animation sur le plan national des fora regroupant les acteurs concernés par la conservation et la gestion durable des écosystèmes forestiers[159].

De manière générale, la mise en place de cette institution a abouti à des résultats concrets. A ce titre, nous pouvons affirmer que l'engagement politique des pays

---

[158] Article 5 de son Traité constitutif de la COMIFAC.
[159] *Ibid.*

du bassin du Congo en faveur de la gestion durable des forêts, avec le soutien de la communauté internationale, s'est traduit par d'importants progrès. Ainsi, ont été créées les zones protégées.

La création des zones protégées illustre les progrès importants qui ont été réalisés dans le domaine de la conservation et de la protection de ces zones[160]. La principale fonction de ces forêts est souvent la conservation de la diversité biologique, la protection des sols et des ressources en eau, ou la conservation de l'héritage culturel. Le renforcement des capacités de gestion des zones protégées et des zones de conservation des forêts a aidé à réduire la pression sur la biodiversité. Dans ce sens, bien qu'encore insuffisantes, les capacités de gestion des zones protégées se sont améliorées au cours des quelques dernières années, et des partenariats avec les ONG internationales et locales ont été établis dans la plupart des pays et ont préservé avec succès la biodiversité[161].

C'est pourquoi il est légitime d'analyser l'impact réel du régime juridique dans la protection de l'environnement au Congo.

---

[160] Elles couvrent pratiquement 60 millions d'hectares, soit 14 % du territoire des six pays
[161] Carole Megevand, *Dynamiques de déforestation dans le bassin du Congo Réconcilier la croissance économique et la protection de la forêt*, International Bank for Reconstruction and Development / The World Bank 2013, p46

PARTIE II:

LES EFFETS DE LA PROTECTION DE L'ENVIRONNEMENT AU CONGO

Chapitre I : L'impact réel du régime juridique dans la protection de l'environnement

Cet impact nécessite l'examen de l'applicabilité normes juridiques sur l'environnement, d'une part et le pouvoir des institutions de protection de l'environnement, d'autre part.

Paragraphe I: L'applicabilité normes juridiques sur l'environnement

Dans la pratique, il ressort que les textes de protection de l'environnement sont généraux et incomplets au niveau nationales. Au niveau international, on peut noter l'absence des moyens de contraintes des conventions et traités internationaux. Ce qui engendre une effectivité diluée du droit de l'environnement favorisant ainsi les abus dans l'exploitation des ressources naturelles et environnementales.

A – Des textes juridiques généraux et incomplets

Ce fait illustre une effectivité diluée du droit congolais de l'environnement. En effet, les limites nationales du droit congolais de l'environnement s'illustrent par une effectivité diluée, mais perfectible du régime juridique de protection. La complexité juridique certaine et l'incertitude, voir le doute sur les effets juridiques réels de la constitutionnalisation se traduisent sur le terrain par une faible amélioration de l'état de l'environnement et à la sauvegarde de la planète[162]. La faible réclamation contentieuse du droit à un environnement sain, satisfaisant et durable en République du Congo en est une illustration parfaite. L'une des caractéristiques essentielles du droit de l'environnement en République du Congo est l'absence de sanction attachée en fait aux violations des règles qui le constituent. La dimension judiciaire de l'application du droit à un environnement sain constitue donc certainement le point crucial de l'opérationnalisation du droit de l'environnement dans cette région[163].

Il est vrai que les textes législatifs[164] prévoient des sanctions pour les atteintes à l'environnement et ouvrent ainsi la voie à la possibilité de réprimer des crimes et délits environnementaux et de réparer les dommages environnementaux. Toutefois, en pratique, de telles sanctions sont extrêmement rares. La raison

---

[162] Michel Prieur, « L'influence des conventions internationales sur le droit interne de l'environnement » in *Actes de la réunion constitutive du comité sur l'environnement de l'AHJUCAF*, 2008, Porto-Novo, Benin. pp.291-301,
[163] Stéphane DOUMBE-BILLE, *Op. Cit*., p.157
[164] Lois, Codes, décrets, etc.

tient au fait que les administrations chargées de réprimer directement les atteintes à l'environnement ou de poursuivre en justice les délinquants environnementaux s'abstiennent le plus souvent de le faire, préférant appliquer plutôt une certaine tolérance en matière d'atteintes à l'environnement[165].

L'absence de sanctions administratives et la tolérance administrative en matière d'application des règles de protection de l'environnement sont ainsi très répandues en République du Congo et conduisent les autorités à s'abstenir d'appliquer les dispositions environnementalistes, parce que cette abstention leur paraît préférable à l'application de la règle. « *Si cette solution paraît commode à certains égards, compte tenu notamment du poids de l'analphabétisme et de l'ignorance de la population en matière d'environnement, elle n'est cependant pas sans danger. Le risque est, en effet, grand de voir la règle appliquée par certaines autorités et pas par d'autres, ce qui peut engendrer une insécurité juridique préjudiciable au principe d'égalité des citoyens*[166] ». Les ressources naturelles étant généralement considérées comme des biens appartenant à tout le monde et donc à personne, il s'ensuit une certaine indifférence des citoyens devant des atteintes à l'environnement[167].

Les textes nationaux de protection de l'environnement sont, pour la plupart, d'inspiration française. Ils reprennent les dispositions des textes juridiques de l'ancienne métropole relatives à la protection du patrimoine naturel. Ils ne prennent pas en compte les réalités des communautés locales car inspirés d'une la législation française qui elle-même obéit à une réalité occidentale. Ainsi, l'écart entre ce texte et les préoccupations des communautés locales et ethniques congolaises est à l'origine de l'inefficacité de la protection l'environnement.

B – Les conséquences d'une effectivité diluée du droit congolais de l'environnement

Plusieurs insuffisances de nature juridique se présentant finalement comme notoires, sont ici constitutives de véritables sources de faiblesses du dispositif de droit voué à la protection de la nature. Il s'agit d'une incapacité à imposer de façon générale et uniforme, des principes aptes à prendre en compte de la façon

---

[165] Vincent ZAKANE, « Problématique de l'effectivité du droit de l'environnement en Afrique : l'exemple du Burkina Faso », in Laurent GARNIER (dir) Aspects contemporains du droit de l'environnement en Afrique de l'ouest et centrale, UICN, Glant, Suisse, 2008, p.23

[166] http://sosnet.eu.org/re&s/dhdi/recherches/environnement/articles/sitackdroitenv2.htm, Consulté le 27 décembre 2020)

[167] Carel Makita Kongo, *Op, Cit*, p10

la plus efficace les intérêts écologiques[168]. Ainsi, il est à noter que la protection normative connaît des limites. Ces faiblesses sont dues au fait que le régime légal connait des textes juridiques généraux et incomplets.

En effet, pour assurer la protection de l'environnement, le Congo a mis en place dès son indépendance, un dispositif juridique bien précis. Cependant, on peut noter qu'il s'agit des textes souvent généraux, alors que la protection du patrimoine naturel exige une législative particulière.

A titre d'exemple, on peut noter l'absence, à la DGE, de fichier informatisé sur les installations classées et même d'une liste manuscrite à jour, de fichier centralisé et informatisé des bureaux d'études agréés en matière d'EIE, le manque de transparence sur la passation des marchés entre les promoteurs des projets et les bureaux d'études, l'absence de contrôle des installations classées par les services du MEFE, et de contrôle de la mise en œuvre des mesures de réduction d'impact par les Directions Départementales de l'Environnement. Ces insuffisances ne permettent pas de connaître de façon claire l'efficacité de l'application des dispositions réglementaires en matière de protection de l'environnement en général et d'application de la réglementation sur les EIE en particulier.

En outre, il faut noter que concernant les Etudes d'Impact sur l'Environnement, un seul texte, le Décret n°86/775 du 7 juin 1986 rend obligatoire les études d'impact sur l'environnement. Ce texte est d'une très grande simplicité et largement incomplet. Il ne sanctionne le « non-respect de l'obligation de l'étude d'impact » que par une « suspension des travaux envisagés ou déjà entamés » (Article 12). L'Article 13 précise quant lui que « si la réalisation d'un projet n'est pas conforme aux critères, normes et mesures énoncés dans l'EIE, le promoteur sera passible d'une amende dont le montant est déterminé par la loi ». Ceci est tout à fait insuffisant d'autant plus que la loi actuelle sur la protection de l'environnement ne précise pas le montant de cette amende et qu'aucun texte complémentaire ne l'a fait. Dans ces conditions, un promoteur qui ne respecte pas les mesures de réduction d'impact prévue par l'EIE ne risque rien.

Une refonte complète du texte portant sur les EIE s'avère nécessaire pour le mettre en conformité avec les standards internationaux en la matière[169].

Par ailleurs, dans le domaine des infrastructures, la législation reste ambiguë quant à la réalisation d'EIE dans le cas des ouvertures de route. Dans certaines

---

[168] Henry Nkoto Edjo, *Les aspects juridiques de la protection de l'environnement dans les forêts communautaires au Cameroun*, Mémoires de Master 2 en Droit International Comparé de l'Environnement, Université de Limoges 2007, p34
[169] République du Congo,

versions, les routes sont nommément citées dans les annexes comme infrastructures de transport soumises à l'EIE, dans d'autres versions elles ne le sont pas. L'Etat est d'ailleurs loin de montrer l'exemple. Toujours en matière d'infrastructures, la construction de la centrale hydroélectrique d'Imboulou et de sa route d'accès bitumée de 57 Km de longueur à l'intérieur de la Réserve de Faune de la Léfini, dont la maîtrise d'ouvrage déléguée est assurée par la Délégation Générale des Grands Travaux rattachée directement à la Présidence de l'Etat, est réalisée sans EIE[170].

Les lois en ce domaine sont souvent dépourvues de texte d'application ; ce qui les rend presque inapplicables. C'est pourquoi dans la plupart des cas, ces textes n'ont jamais été suivis d'effets juridiques en raison non seulement du manque de volonté des dirigeants mais aussi de la léthargie juridique et administrative des administrations. A titre d'exemple, la procédure d'attribution des permis d'exploitation des ressources naturelles présente d'énormes irrégularités liées aux nombreuses faiblesses administratives. Le laxisme de l'administration en ce domaine se caractérise par l'octroi des permis de coupes de bois qui se fait parfois aux mépris de la législation en vigueur. Ainsi, il peut arriver que, pour échapper à tout contrôle, la coupe de bois se fasse la nuit dans des zones inaccessibles.

Concrètement, le code forestier et le code de l'environnement exigent une étude d'impact avant toute exploitation industrielle de bois. Sur le terrain, il est fréquent que des exploitants forestiers dits « gros bonnets » exercent leur activité sans permis dument délivrée par l'administration forestière.

D'autre part, la législation et la règlementation forestière n'abordent pas de manière spécifique la question du reboisement communautaire. Cette une situation assez grave au regard de la question de l'inadéquation du régime juridique en vigueur aux différentes zones écologiques du pays. Le reboisement aurait été d'une utilité notoire surtout dans les régions aux tendances du grand nord où les quelques forêts existantes se densifient de moins en moins[171].

Dans le même sens, on peut faire remarquer que l'Arrêté n° 835/MIME/DGE du 6 septembre 1999 fixe les conditions d'agrément pour la réalisation des études ou des évaluations d'impact sur l'environnement. L'octroi de l'agrément est subordonné à l'avis technique de la DGE suite à une enquête technique réalisée par les inspecteurs assermentés de la DGE. Cet agrément a été décidé à une époque où, suite à la Conférence de Rio, les bureaux d'études en environnement,

[170] République du Congo – Etude socio-économique et environnementale du secteur forestier, *Op, Cit*, p8
[171] Henry Nkoto Edjo, *Les aspects juridiques de la protection de l'environnement dans les forêts communautaires au Cameroun, Op, Cit*, p35

sans aucune compétence, poussaient comme des champignons à la recherche du moindre financement. L'agrément est assujetti à une redevance de 550.000 FCFA (Article 5) dont le montant est supérieur à l'amende (maximum 400.000 FCFA) en cas d'infraction à cette disposition (et à l'Arrêté dans son entier). Le montant « faible » de cette amende n'incite donc pas les bureaux d'études à payer la redevance. Toute passation de marché est assujettie au versement d'un montant de 5% de la valeur du contrat (Article 10). Ces redevance et taxe sont destinées à alimenter le PFE. Tout bureau d'études étranger est tenu de s'associer ou de sous-traiter une partie de ses activités avec un organisme congolais agréé.

La DGE (la DPPEU) est chargée préparer les agréments des bureaux d'études chargés de réaliser les EIE. Ces agréments font l'objet d'Autorisations comme celle du 19 février 2001 (Autorisation n° 40/MIME/DGE) qui a agréé 4 bureaux d'études habilités à faire les contrôles, les suivis, les analyses et les évaluations environnementales. Fin 2006, onze bureaux d'études possèderaient un agrément.

Cependant, il arrive que pendant plus, il n'a été procédé à aucune vérification des agréments des bureaux d'études alors que l'agrément n'est valable que 3 ans (la demande de renouvellement doit être engagée par le bureau d'études). La DGE envisage, dans son programme d'activité de réviser la liste des bureaux d'études agréés, nombre d'entre eux ayant vraisemblablement disparu depuis leur agrément.

Il s'agit d'une révision administrative (existence ou non existence de la société et documents administratifs à jour) et non d'une révision portant sur les compétences malgré l'Article 4 de l'Arrêté 835/MIME/DGE qui stipule que « *l'octroi de l'agrément est subordonné à une enquête technique réalisée par les Inspecteurs assermentés de la DGE* ». Mais le budget de fonctionnement de la DGE ne permet pas une telle enquête technique[172].

Enfin, il ressort, de manière générale, que le régime juridique congolais ne prend pas compte de l'utilité éducative, sociale et économique du patrimoine naturel qui est le socle même de la transmission des éléments traditionnels de protection des forêts. Cette méconnaissance entraîne une inefficacité concrète de la protection de l'environnement. On sait que pour être efficace, la protection doit disposer d'outils juridiques adaptés aux réalités locales. En effet, les mesures de protection héritées de l'époque coloniale ont montré leurs limites et ne répondent plus aux exigences actuelles. La méconnaissance de la législation et des institutions environnementales d'une part, et le manque de volonté réelle des

---

[172] République du Congo, Etude socio-économique et environnementale du secteur forestier, Juin 2007, p15

pouvoirs publics, d'autre part, sont les principales causes de l'inefficacité de la protection. En conséquence, on assiste à une défaillance dans la sensibilisation et l'application des normes de protection ; d'où l'existence d'un dysfonctionnement entre les différents services en charge de l'environnement lequel se manifeste à plusieurs égards.

Paragraphe II : L'absence de clarté des conventions et traités internationaux

Cette absence engendre la méconnaissance des Conventions et Traités internationaux par les populations d'une part, et aux difficultés d'application de ces textes de l'autre.

A- La méconnaissance des Conventions et traités internationaux par les populations

La ratification des Conventions et Traités internationaux nécessite une très grande implication de l'Etat dans la sensibilisation et la mise en œuvre. En effet, peu de pays en voie de développement organisent, de manière régulière, des réunions de sensibilisation et d'information sur les textes internationaux de protection de l'environnement et du patrimoine naturel. Un élément pourtant nécessaire dans des sociétés ayant des difficultés d'accès aux textes juridiques

Cette méconnaissance par les populations et communautés locales entraîne celle des grands enjeux associés à la protection du patrimoine naturel en général. De ce point de vue, il est difficile, pour les populations, de saisir les enjeux de protection, de cohésion sociale, d'identité locale ou nationale et de valorisation du patrimoine contenus dans les Conventions. C'est pourquoi nous en arrivons à la conclusion selon laquelle la sensibilisation de la population sur les enjeux des Conventions n'est pas encore érigée en priorité faute d'éléments de communication adéquats.

Les Conventions et autres traités de protection des ressources naturelles et environnementales sont méconnus des Congolais censés les comprendre et en assurer le relai dans la conservation de la biodiversité et des écosystèmes. Les Etats Parties à ces Conventions ne font pas de la sensibilisation une priorité. Ces textes étant des accords internationaux, il appartient au seul Etat Partie d'en assurer l'application. Pourtant *la réception et l'assimilation des textes internationaux par le peuple sont essentielles, pour que les citoyens prennent*

conscience de ces sites et de leurs esprits, et qu'ils puissent ainsi les protéger[173].
Or l'Etat congolais n'offre pas aux citoyens la possibilité de s'imprégner et de s'approprier les textes internationaux de protection de l'environnement.

En conséquence, la méconnaissance des Conventions et traités internationaux par les populations entraine le manque d'information des populations locales sur les principes juridiques internationaux relatifs à la conservation de l'environnement. Cette mission qui incombe pourtant à l'Etat n'est pas accomplie. En effet, les citoyens ne sont pas sensibilisés sur la nécessité de s'approprier des textes internationaux pour la sauvegarde des richesses environnementales. La méconnaissance de ces textes par les personnes qui sont censées protéger le patrimoine naturel illustre l'absence d'implication de la population locale dans la conservation de la biodiversité. Cette méconnaissance constitue un grand frein au développement local car les politiques de protection incarnées par ces textes véhiculent des liens étroits entre les retombées de l'exploitation du patrimoine naturel et le développement local. Le citoyen est donc exclu de la protection internationale de l'environnement alors qu'il en est le principal intéressé.

A ce titre, il apparaît clair que l'absence d'une communication environnementale empêche une meilleure appropriation des traités par la population. Ainsi, les difficultés d'interprétation des textes internationaux sont perçues comme une faiblesse de la norme internationale. En effet, les normes internationales ne visent pas les individus mais plutôt les Etats. Dans ce sens, les communautés locales ont du mal à interpréter les Conventions et traités internationaux. La difficulté d'interprétation crée ainsi un vide juridique conduisant à l'inefficacité de l'action internationale de protection du patrimoine naturel. De manière particulière, on peut affirmer, à titre illustratif que, la conservation de la biodiversité n'est que sur papier : la CITES demeure un simple slogan. Les acteurs de terrain à la base sont, très peu ou pas du tout, informés sur le contenu et le bien-fondé des traités ratifiés. Ainsi, l'application des traités environnementaux reste très sommaire par les populations. La faible appropriation des conventions par les populations ne peut contribuer au développement durable. En effet, quand la population à la base ne tire pas d'avantages matériels des espèces protégées, il lui sera difficile de s'approprier les conventions y relatives car la pauvreté reste le premier ennemi de la conservation durable surtout dans un environnement de cueillette[174].

---

[173] Axelle Glapa, *Op. Cit*, p44
[174] D.E Musibono, F. Kabangu, A. Munzundu, M. Kisangala, I. Nsimanda, M. Sinikuna et A. Kileba, « Les différents traités environnementaux sont-ils appropriés pour les populations des pays en développement (Afrique) ? », VertigO - la revue électronique en sciences de l'environnement [En ligne], Regards / Terrain, mis

Par ailleurs, les traités internationaux sont des règles de droit négociées par plusieurs États dans le but de s'engager mutuellement, les uns envers les autres, dans les domaines qu'ils définissent (défense, commerce, justice...). Il revient aux Constitutions des pays concernés de définir les autorités compétentes pour conduire la négociation et ratifier les traités. Elles définissent également la portée des normes internationales vis-à-vis du droit interne et les modalités de leur intégration au sein de la hiérarchie des normes[175]. C'est pourquoi leur application dépend des initiatives de l'État. Cependant, on note l'absence d'une politique patrimoniale adéquate de l'Etat congolais.

Au Congo, l'article 64 de la Constitution de 2015 dispose : « *le Président de la République est le Chef de l'État. Il est garant de l'indépendance nationale, de l'intégrité du territoire et de l'unité nationale, du respect de la Constitution, des traités et accords internationaux* ». Et l'article 217 précise que « *le Président de la République négocie, signe et ratifie les traités et les accords internationaux. La ratification ne peut intervenir qu'après autorisation du Parlement, notamment en ce qui concerne les traités de paix, les traités de défense, les traités de commerce, les traités relatifs aux ressources naturelles ou les accords relatifs à l'organisation internationale, ceux qui engagent les finances de l'Etat, ceux qui modifient les dispositions de nature législative, ceux qui sont relatifs à l'état des personnes, ceux qui comportent cession, échange ou adjonction du territoire* ». Cet article qui accorde au Président de la République la possibilité de négocier, signer et ratifier les traités et accords internationaux illustre assez bien le fait que les textes internationaux de protection du patrimoine restent des outils au service de l'État, excluant les communautés locales et le grand public. Cette situation engendre des lacunes dues essentiellement au fait qu'il appartient à l'Etat de mettre en œuvre les normes internationales de protection du patrimoine après les avoir signées ou ratifiés. C'est à ce niveau que le manque de communication et de sensibilisation de l'Etat apparait comme une entorse à la protection internationale du patrimoine.

Il est tout aussi important de rappeler que ce n'est pas la communauté internationale qui protège l'environnement en tant que tel, mais l'Etat sur l'étendue de son territoire national dès lors que celui-ci est soumis à une norme internationale comme Etat-Partie. Si les normes internationales sont l'émanation de la communauté internationale, il appartient à l'Etat et à lui seul de les mettre en œuvre. Ce procédé devient par définition spécifique et conflictuelle.

---

en ligne le 29 mars 2010, consulté le 02 janvier 2021. URL : http://journals.openedition.org/vertigo/9398 ; DOI : https://doi.org/10.4000/vertigo.9398
[175]http://www.vie-publique.fr/decouverte-institutions/institutions/approfondissements/traites-internationaux-constitution.html, consulté le 03 janvier 2021

Spécifique dans le sens où, contrairement au droit interne, on ne retrouve ni la centralisation du pouvoir, ni la hiérarchie des normes. Et conflictuelle, dans le sens où la politique des Etats prime souvent sur leurs engagements internationaux grâce à cette absence de hiérarchie entre les sujets et en l'absence donc de sanctions contraignantes. La jurisprudence internationale dispose : « les règles de droit liant les Etats procèdent de la volonté de ceux-ci[176].

La spécificité et le conflit relevés par Axelle Glapa, dans « *Entre crises et succès : la Convention du Patrimoine Mondial de l'Unesco* », se traduisent par une inefficacité de la norme internationale au niveau national. Une inefficacité qui trouve tout son fondement dans l'application inadéquate à travers la sensibilisation, la diffusion et la vulgarisation de la norme internationale de protection du patrimoine naturel et culturel au niveau national.

En somme, nous dirons que la méconnaissance est à l'origine des difficultés d'application des Conventions non seulement au Congo mais aussi dans la plupart des Etats africains. En effet, bien qu'elles visent une « civilisation mondiale », les conventions ne s'adressent pas aux citoyens mais aux Etats Parties. C'est pour cette raison que les citoyens ont du mal à trouver leur place dans la relation entre les Etats et le centre du Patrimoine mondial

B – Les difficultés d'application des textes internationaux dans la protection de l'environnement

Les difficultés rencontrées dans la protection internationale de l'environnement conduisent à s'interroger sur la force normative des conventions et traités internationaux adoptés. La force normative recouvre la valeur, la portée et la garantie normative. La valeur normative des textes est réelle puisque bon nombre d'entre eux ont une autorité supérieure à la loi nationale. La portée se manifeste de manière patente dans l'influence des textes les uns sur les autres. En revanche, la garantie normative présente des limites, au moins au niveau national, se traduisant par les difficultés des justiciables à voir appliqués par les tribunaux internes les droits reconnus au niveau international[177].

Les conventions internationales en matière de droits de l'homme signées et ratifiées par les Etats prévoient en général des systèmes plus ou moins perfectionnés de contrôle. Mais souvent, les obligations conventionnelles en matière de droit international se détournent de l'impératif de mise en œuvre.

---

[176] Axelle Glapa, *Op. Cit*, p45
[177] Bénédicte Lavaud-Legendre, *La force normative des textes internationaux consacrés à la protection des victimes de la traite des êtres humains*, CNRS Centre de droit comparé du travail et de la sécurité sociale 2020, p6

En effet, un certain nombre d'interrogations méritent d'être soulevées à l'égard de ces justifications. Qui plus est, considérant l'attitude de l'exécutif face à cette normativité internationale, tant dans son élaboration au niveau international que dans sa mise en œuvre (ou absence de mise en œuvre) en droit national, il est permis de se demander si ces justifications ne constituent pas dans une certaine mesure un alibi[178]. Ces conventions internationales exigent très souvent qu'un cadre soit créé pour que les obligations qui en découlent, et auxquelles les Etats parties ont librement consenti, soient pleinement respectées.

Des mécanismes de contrôle sont ainsi mis en place par les instruments qui les prévoient expressément. Il convient, cependant, de garder à l'esprit qu'il existe une multitude de textes internationaux relatifs à la protection des ressources naturelles en général et de l'environnement en particulier.

Fort malheureusement, le constat en République du Congo n'est guère satisfaisant. En effet, outre cette méconnaissance, les outils juridiques internationaux souffrent de l'incertitude de leur effectivité. Ces outils juridiques présentent un handicap : celui de ne pas être créateur de droit entraînant ainsi une absence d'effets directs sur la protection de l'environnement et à l'égard des individus soit détenteur, soit censé en assurer la protection. Aussi, la transposition dans le droit interne souvent prévue dans ces textes n'est pas toujours effective car les Conventions ne disposent généralement pas de moyen de pression pour leur application au niveau national.

La Convention de 1972 sur le patrimoine mondial, par exemple, se contente de préciser que « *chacun des Etats parties à la présente Convention reconnaît que l'obligation d'assurer l'identification, la protection, la conservation, la mise en valeur et la transmission aux générations futures du patrimoine culturel et naturel visé aux articles 1 et 2 et situé sur son territoire, lui incombe en premier chef. Il s'efforce d'agir à cet effet tant par son propre effort au maximum de ses ressources disponibles que, le cas échéant, au moyen de l'assistance et de la coopération internationales dont il pourra bénéficier, notamment aux plans financier, artistique, scientifique et technique[179]* ».

Cette Convention ne précise cependant pas la portée juridique de l'engagement des Etats. En particulier, aucune mesure contraignante telle qu'une interdiction de bâtir ou d'aménager un secteur particulier n'est prévue (dans le cas d'un site à classer ou à inscrire au patrimoine national ou mondial).

---

[178] Delas Olivier, Robichaud Myriam. « Les difficultés liées à la prise en compte du droit international des droits de la personne en droit canadien : préoccupations légitimes ou alibis ? » In : Revue Québécoise de droit international, volume 21-1, 2008. pp. 1-53 ;
[179] Article 4 de la Convention sur le patrimoine mondial.

Ainsi, on peut affirmer que les difficultés d'application des textes internationaux traduisent l'absence d'une politique environnementale adéquate de l'Etat congolais. Cela dit, les principales bases juridiques permettant de satisfaire aux exigences de des Conventions et traités internationaux doivent en principe être recherchées dans le droit national. Le droit positif congolais ne tient pas toujours compte de ce principe. C'est d'ailleurs le point de vue de Pierre Gabus lorsqu'il affirme que « *l'inscription d'un site au patrimoine mondial est prestigieuse et son impact a certainement un effet sur l'industrie du tourisme. Mais elle n'a cependant guère de portée sur le plan juridique*[180] ».

D'une manière générale, il faut noter que dans le but d'assurer la protection de son patrimoine naturel, le Congo a signé et ratifié un certain nombre de textes internationaux. Mais des obstacles existent encore quant à l'application de ces instruments juridiques internationaux. En ce sens, nous disons que les conventions internationales signées et ratifiées par les Etats prévoient en général des systèmes plus ou moins perfectionnés de contrôle. Ces conventions exigent très souvent qu'un cadre soit créé pour que les obligations qui en découlent, et auxquelles les Etats parties ont librement consenti, soient pleinement respectées[181].

En conclusion, les textes congolais relatifs à la protection du patrimoine naturel qui doivent servir de relais aux traités internationaux posent les bases de la transformation des dispositions conventionnelles en textes nationaux. L'Etat qui en est le garant est défaillant sur ce point.

---

[180] Pierre Gabus, Convention de l'UNESCO concernant la protection du patrimoine mondial culturel et naturel, quelle application en Suisse ? in *Fondation pour le droit de l'art*, N°25, mars 2013 URL : http://www.art-law.org/fondation/newsletters/newsletter25_0313.pdf, consulté le 20 mai 2014.
[181] Mamadou M Dieng, Les difficultés d'application des conventions en matière de droits de l'homme en Afrique : le cas de la convention sur les droits de l'enfant au Bénin, in *Actualité et droit international*, Revue d'analyse juridique de l'actualité international, avril 2001, Url : http://www.ridi.org/adi/200104a2.htm, consulté le 30 mars 2015

Chapitre II : Le pouvoir des institutions de protection de l'environnement

Les institutions congolaises de protection de l'environnement sont marquées par une insuffisance des ressources humaines et financières. Aussi, il faut noter que l'absence d'une organisation mondiale de l'environnement et d'une juridiction internationale pour l'environnement traduisent la difficulté pour les institutions internationales d'établir les responsabilités

Paragraphe I – L'insuffisance des ressources humaines et financières

Elle constitue le maillon faible du régime juridique de protection de l'environnement au Congo.

A – L'insuffisance des ressources humaines

Le ministère en charge de l'environnement est quasiment la seule institution nationale qui se charge de la protection du patrimoine naturel. Concrètement, aucun autre organe ne concoure à la protection de ce patrimoine au niveau national. Ainsi donc, la participation des opérateurs privés, des organisations non gouvernementales et de toute personne ressource physique ou morale se fait toujours attendre. En effet, l'État a prévu un cadre clair et précis de cette participation. Les institutions privées de protection du patrimoine naturel sont quasiment inexistantes au Congo. Par conséquent, l'Etat assure seul la charge de promouvoir et de sauvegarder le patrimoine naturel. La faible participation d'autres institutions se justifie aussi par l'absence de coopération institutionnelle nationale à travers des partenariats public-privé. L'Etat, à travers le ministère en charge de l'environnement, est la seule entité contribuant à la protection du patrimoine naturel. Il assume seul la mise en œuvre des mécanismes de protection qu'il a lui-même prévu. Son action se révèle donc inefficace.

Au niveau institutionnel national, on peut constater l'absence d'une véritable politique environnementale. En effet, l'école congolaise, lieu de premier contact de la notion du patrimoine naturel pour les plus jeunes, n'offre aucune politique pouvant contribuer à la connaissance de l'environnement. Les programmes scolaires, tels qu'ils sont conçus, ne préparent pas le jeune congolais à la connaissance de son patrimoine naturel, de ses réalités et de son environnement social. L'enseignement, au Congo, est un héritage colonial qui a été conçu pour la formation des agents de l'administration coloniale. L'école ne prend pas en charge les cultures locales, elle n'a pas réussi à s'enraciner de fond en comble[182]. C'est donc dire que l'école congolaise ne prend pas en compte le patrimoine naturel. Pourtant, « l'éducation *est l'art d'élever les enfants. Elle a pour but leur développement total par une formation à la fois physique, morale, religieuse et sociale. Elle ne doit jamais perdre de vue le temps qui passe et l'éternité qui n'a pas de fin. On la regarde comme l'œuvre des œuvres, dont l'importance est capitale pour l'avenir de l'enfant et celui de la société[183]* ». Autrement dit, les institutions congolaises de protection du patrimoine naturel n'établissent pas de lien entre l'école et ce patrimoine. L'enfant n'est donc pas préparé à connaître et à protéger son patrimoine naturel.

Enfin, il faut noter que l'institution nationale chargée d'assurer la protection du patrimoine naturel connaît des difficultés à imposer une application adéquate de la législation relative à la protection de ce patrimoine en l'absence des moyens humains et matériels. Ainsi se réalisent des actes d'exploitation et d'occupation anarchique des ressources naturelles préjudiciables comme les coupes clandestines et illicite de bois, l'exploitation minière ou agricoles, à grande échelle sans autorisation préalable. Ces actes font prévaloir les intérêts économiques au détriment de la protection des ressources naturelles. D'autre part, il existe la prolifération des projets de développement urbain avec notamment l'agrandissement des grandes. Ces projets qui se multiplient en l'absence d'un plan directeur de la ville, affectent l'intégrité et l'authenticité des sites naturels.

En outre, les institutions nationales ne mènent pas de démarches sincères visant à faire participer les communautés locales et les personnes ressources dans la protection du patrimoine naturel. Certes le ministère en charge de l'environnement essaie d'appliquer certaines dispositions de la loi n°8-2010 du 26 juillet 2010 portant protection du patrimoine national culturel et naturel, mais il faut noter que cette institution est limitée pour ce qui est de l'importance du savoir et du savoir-faire traditionnel, d'une part, et du rôle des sachants détenteurs du savoir et du savoir-faire relatif à la protection traditionnelle de l'environnement d'autre part. En réalité, en dehors de quelques services spécialisés, qui du reste sont limités dans leur intervention, le ministère ne s'entoure ni d'organes consultatifs (pourtant prévus par les textes juridiques), ni d'autorités traditionnelles et coutumières qui constituent des personnes ressources, des sachant détenteurs du savoir et du savoir-faire traditionnel. Ces

---

[182] Samuel Kidiba, *Contribution du Patrimoine Culturel au Développement du Système Educatif de la République du Congo : Enseignement des Arts et de l'Artisanat au Musée, Op. Cit.*, p42
[183] Laurent Riboulet, *Manuel de Pédagogie à l'usage des Ecoles Normales et de tous les Educateurs*, 1958, Librairie Catholique Emmanuel Vitte, 5e édition, Paris, p5

limites illustrent, d'ailleurs, la méconnaissance par les communautés locales des mesures juridiques (textes et institutions) de protection du patrimoine naturel. Une suite logique de la méconnaissance et la non prise en compte du droit coutumier par les législations et institutions nationales. Il est donc évident que l'analphabétisme des communautés locales et la faiblesse de diffusion des mesures de protection du patrimoine naturel constituent un grand handicap dans l'action protectrice dont l'Etat est le garant.

En conséquence, les faiblesses du cadre institutionnel et normatif apparaissent sans doute comme le plus grand frein à la protection adéquate de l'environnement au Congo. En effet, on peut aisément relever le déficit en personnel d'infrastructures environnementales et de ressources humaines qualifiées. Le Congo ne dispose d'aucune structure de formation professionnelle dans le domaine de la protection du patrimoine naturel dans son ensemble.

B – La faiblesse des investissements

La mise en œuvre de la protection de l'environnement nécessite des moyens conséquents et multiformes. L'une des causes de l'ineffectivité du droit de l'environnement repose sur la faiblesse des moyens nécessaires en vue de son application. Selon le Professeur Sandrine Maljean-Dubois « la prolifération des exigences internationales a imposé des contraintes particulièrement lourdes aux différents pays, qui, souvent, ne disposent pas des moyens nécessaires pour participer efficacement à l'élaboration et à l'application des politiques en matière d'environnement[184] ».

La capacité d'action de toute organisation est à la mesure de l'importance des moyens financiers dont elle est dotée[185]. De manière générale, le manque de ressources financières et surtout la pauvreté sont à la base de tous les problèmes environnementaux en droit. Malgré les efforts dont font preuve certains pays notamment à faire appliquer les règles juridiques de protection. Elles se trouvent limités par le problème de disponibilité des ressources financières. Le dysfonctionnement des mécanismes institutionnels constaté trouve sa source dans le facteur économique et financier.

Au niveau des institutions internationales, il faut relever que la majorité des organisations internationales, à l'exception de quelques-unes (FMI, CEE...) ne

---

[184] Sandrine Majean Dubois, « La mise en oeuvre du droit international de l'environnement », in les *notes de l'IDDRI, n°4*, p. 18 citant le rapport du PNUE, 2001, Gouvernance internationale en matière d'environnement, Rapport du directeur exécutif, UNEP/IGM/1/2, 4 avril, p.17.
[185] Sur les finances des organisations, cf.Colliard (C.A.): Finances publiques internationales : les principes budgétaires dans les organisations internationales. Revue de Science financière, 1958, pp.237-260.

dispose pas de ressources propres. Ce sont les contributions des pays membres et autres modes de financement qui leur permettent de fonctionner et d'accomplir leurs missions respectives[186]. Ainsi pour le financement des Organisations Internationales, chaque Etat contribue au budget en tant que contributeurs. Le calcul est défini selon les statuts. Par exemple pour le système des Nations Unies, il se base notamment sur le Produit Intérieur Brut (PIB) ajusté au revenu par habitant, c'est à dire plus l'Etat est riche et plus il contribue. Ce critère n'est pas le seul car la base de la contribution est souvent tributaire de composantes telles que la part dans le secteur règlementé. Ainsi, pour l'OMC l'on tient compte de la part de l'Etat membre dans le commerce mondial ou bien c'est le principe de l'égalité entre les membres qui demeure applicable.

Quant au financement de l'Organisation des Nations Unies et de ses agences spécialisées, il est assuré par les contributions obligatoires des pays membres et par des contributions volontaires de toutes organisations, entreprises ou encore particuliers. L'Etat qui néglige de payer sa contribution obligatoire peut perdre son droit de vote. Le budget ordinaire des Nations Unies (2,6 milliards de dollars), établi tous les deux ans, est basé sur les contributions obligatoires des Etats fixées par l'Assemblée générale. S'y ajoutent le budget du maintien de la paix soit plus de 8 milliards de dollars en 2011. Pour contribuer à l'indépendance des Nations Unies, le niveau maximum de la plus grosse contribution a été fixé à 22 % (le seuil minimal est quant à lui de 0.01% du budget global). En pratique, 80% des contributions sont versées par les pays industrialisés qui apparaissent dans le domaine environnemental comme de grands pollueurs.

Ces critères pour le financement revêtent un caractère aléatoire relativement aux missions et objectifs assignés à chaque organisation. Ce qui constitue en soi un obstacle majeur dans la mise en œuvre desdites actions. Les Organisations Internationales dans le domaine de l'environnement ne sont pas en reste face à cette triste situation. Aussi rencontrent elles des difficultés liées au recouvrement des contributions. Il est donc utile de recourir à des sources de financement en dehors des cadres institutionnelles normalement prévus[187].

Au Congo, l'Etat finance quasiment seul la protection de l'environnement. L'absence d'acteurs et d'opérateurs privés marque une faiblesse institutionnelle certaine. A cela s'ajoute la démission des collectivités locales dans le financement de la protection de l'environnement. En effet, consolider le financement du patrimoine naturel suppose une gestion effective par les

---

[186] Paul Yao N'dré, *Droit des Organisations Internationales*, PUCI, 1996, p.75.
[187] Assamoi Fabrice Apata, *La protection de l'environnement marin en droit international*, Mémoire Master recherche 2015, Université Félix Houphouet Boigny d'Abidjan, p29

collectivités locales de leur budget et de leurs ressources humaines. Au Congo, les collectivités locales disposent d'une autonomie financière prévue par la loi N°7-2003 du 06 février 2003 portant organisation et fonctionnement des collectivités locales et d'un transfert de compétences dont les domaines sont déterminés par la loi[188]. Conformément à cette loi, les ressources de la collectivité locale comprennent :

- les impôts, les droits et taxes, ainsi que le produit des amendes et des pénalités prévus par le code général des impôts dont la perception est faite au profit des collectivités locales, notamment : les contributions des propriétés bâties ; les contributions des propriétés non bâties les centimes additionnels à la taxe sur la valeur ajoutée ; les contributions des patentes ; autres impôts non inventoriés.
- Les subventions et les dotations de l'Etat ;
- les fonds de concours ;
- les dons et legs ;
- les droits d'enregistrement : taxe additionnelle aux droits d'enregistrement sur les mutations à titre onéreux ;
- les rétrocessions de l'Etat ;
- les emprunts garantis par l'Etat ;
- le produit de l'exploitation du domaine et des services de la collectivité locale.

On peut cependant s'interroger sur l'effectivité de cette autonomie financière et sur les ressources dont disposent réellement les collectivités locales. Le Congo est un pays qui fonctionne avec les recettes fiscalo-douanières et, il est de tradition que, la perception des ressources est assurée uniquement par le ministère des finances qui est seul habilité à cet effet en application des articles 73 et 91 de la loi n°20 du 3 septembre 2012 portant loi organique relative au régime financier de l'Etat[189]. C'est dire qu'en réalité, et de façon générale, les collectivités locales ne disposent pas d'une réelle autonomie financière. Par conséquent, elles ne peuvent assurer un financement adéquat de la protection de l'environnement. A ce propos, Jean Pierre Elong-Mbassi affirme que *« le nouveau régime de collectivités locales prévoit des transferts de ressources. Le principe d'un transfert concomitant de compétences et de ressources. La formulation des termes de la loi reste parfois ambiguë et ne permet pas aux collectivités locales d'avoir une lisibilité claire de leurs perspectives*

---

[188] Article 12 Loi n°9-2003 du 6 février 2003 fixant les orientations fondamentales de la décentralisation.
[189] Alinéa 3 de l'article premier de la loi de finances 2014

budgétaires[190]... ». Dépourvues de lisibilité claire pour leur budget et se trouvant dans l'impossibilité de collecter l'impôt local (qui est la principale source de revenu), les collectivités locales ont du mal à prévoir et dégager un budget pour la protection du patrimoine naturel.

Il ressort clairement que l'Etat assure seul la protection du patrimoine naturel. Un fait qui illustre la concentration du pouvoir par l'autorité centrale qui décide souvent seule de toutes les questions relatives à la protection et la conservation du patrimoine naturel.

En somme, il s'agit de répartir les rôles entre l'Etat et les collectivités locales dans la protection du patrimoine naturel. L'Etat définit la politique environnementale dans une cohésion nationale et les collectivités territoriales en assurent l'exécution au niveau local.

Pour protéger les forêts du Bassin du Congo, il a été mis en place le Fonds bleu pour le Bassin du Congo. C'est un fonds international de développement qui vise à permettre aux États de la sous-région du Bassin du Congo de passer d'une économie liée à l'exploitation des forêts à une économie s'appuyant davantage sur les ressources issues de la gestion des eaux, et notamment de celle des fleuves. L'accord portant création de ce fonds a été signé par douze pays de cette sous-région le 9 mars 2017 à Oyo en République du Congo. Ce fonds peine à décoller faute de financement. En avril 2018, les chefs d'Etat et de gouvernement concernés ont interpellé les partenaires bilatéraux et multilatéraux pour tenir leur promesse de financement de ce Fonds. A l'occasion de la tenue, le 29 avril 2018 à Brazzaville, du premier Sommet des chefs d'Etat et de gouvernement de la Commission climat du Bassin du Congo et du Fonds bleu pour le Bassin du Congo, tous les discours délivrés ont sollicité l'appui des partenaires bilatéraux et multilatéraux pour financer les deux instruments de lutte contre les changements climatiques.

En conclusion, il faut noter que trop de maux minent la protection nationale l'environnement au Congo. Partant des faiblesses normatives aux faiblesses institutionnelles, le patrimoine naturel congolais est exposé à des atteintes matérielles et immatérielles. Ces faiblesses engendrent des conséquences importantes à l'égard des ressources naturelles, de la biodiversité et des écosystèmes.

---

[190] Jean Pierre Elong-Mbassi, *Etat de la décentralisation en Afrique, Congo Brazzaville*, KARTHALA Editions, 2003, p140

Paragraphe II - L'absence d'une organisation mondiale et d'une juridiction internationale pour l'environnement

L'absence d'un organe mondial et d'une juridiction internationale   constitue le maillon faible d'une protection adéquate de l'environnement.

A - L'absence d'une organisation mondiale de l'environnement

Si l'inefficience en droit interne du droit de l'environnement paraît, pour partie au moins, établie, elle est constante en droit international. De nombreux accords ont été passés dans le domaine de l'environnement, mais force est de constater que ceux-ci restent peu sanctionnés. Cette faiblesse originelle est d'abord liée à l'absence d'une organisation mondiale de l'environnement.

Certes, le Programme des Nations unies pour l'environnement existe, mais ce n'est qu'un programme, c'est-à-dire, en langage onusien, la plus modeste des institutions, à laquelle ont été systématiquement refusés tous les sujets importants, comme la biodiversité ou le changement climatique. Or ce programme, doté de très peu de moyens (160 millions de dollars), n'est en définitive qu'une des institutions chargées des questions environnementales, les organes de la convention sur le climat étant chargés des questions climatiques et la question de la biodiversité ayant été traitée par le *millenium assessment* au niveau de l'ONU elle-même. On pourrait ajouter la commission sur le développement durable au rang des institutions qui s'occupent d'environnement au sens large du terme, mais également pour partie l'Organisation mondiale de la santé ou la FAO. Cependant, ces nombreuses organisations souffrent toutes, qu'elles soient organisations ou programmes, d'un défaut majeur : celui de ne pas être dotées, comme l'Organisation mondiale du commerce, d'un instrument de règlement des différends et des moyens de sanctionner les infractions commises aux conventions conclues. Dès lors, au niveau international, l'environnement reste un parent très pauvre puisqu'en définitive les manquements aux traités conclus ne sont quasiment pas sanctionnés [191].

Par ailleurs, on peut noter qu'en plus des problèmes de coordination rencontrés par les organisations internationales, pour l'ensemble de leurs interventions environnementales, la conception de leurs stratégies était plutôt l'œuvre de quelques spécialistes à l'intérieur de chaque agence, qui ne tenaient pas toujours compte des réalités locales des pays concernés.

---

[191] Corinne Lepage, « Les véritables lacunes du droit de l'environnement », in *Pouvoirs* 2008/4 (n° 127), pages 123 à 133

A titre d'exemple, citons l'exemple du Programme d'action forestier tropical (PAFT), qui correspond à un outil de planification technocratique et représente l'approche traditionnelle des organisations internationales (Pülzl et Rametsteiner, 2002). Ces dernières ont favorisé ce plan pour des raisons politiques en soutenant des projets d'exploitation du bois par des activités industrielles plutôt que des projets de conservation, et cela même si l'objectif officiel était de freiner la déforestation (Humphreys, 1996).

Pour preuve, face aux pressions provenant de divers horizons quant à l'aggravation de la dégradation des ressources naturelles, les organisations internationales ont été amenées à revoir leurs stratégies environnementales et les méthodes ou processus utilisés dans la mise en œuvre de celles-ci. Les critiques reprochent le caractère descendant (actions "par le haut") de ces stratégies et le fait que celles-ci ne tiennent pas compte des savoirs locaux, ne correspondent pas aux besoins des populations. Cette situation rend ainsi difficile la formulation de la politique de conservation adaptée aux réalités locales (Campbell, 1996). D'ailleurs, l'une des faiblesses de la Stratégie mondiale de la conservation réside justement dans la faible implication des acteurs clés comme les ministères concernés par l'élaboration d'une stratégie nationale de développement, retardant ainsi l'intégration de la stratégie environnementale dans le cadre macroéconomique et de développement global de chaque pays (Falloux et Talbot, 1992). Quant aux réponses initiées par les organisations internationales face aux échecs de l'Etat en matière de gestion des ressources naturelles, plusieurs travaux ont démontré l'inefficacité de la privatisation des ressources naturelles, que cette dernière passe par la promotion de régimes de propriété privée individuelle ou qu'elle se traduise par une gestion des ressources naturelles par certains opérateurs privés[192].

Ainsi, on peut avancer que l'ONU a omis de se doter d'une institution spécialisée pour la protection de l'environnement. Le Programme des Nations Unies pour l'Environnement (PNUE), organe subsidiaire de coordination sous financé, n'est pas à la hauteur des enjeux. Au niveau international, les compétences liées à l'environnement sont trop dispersées et trop faibles. Géré par tout le monde, l'environnement n'est en fait protégé par personne[193].

---

[192] Géraldine Froger, Fano Andriamahefazafy, « Les stratégies environnementales des organisations internationales dans les pays en développement : continuité ou ruptures ? », in *Mondes en développement* 2003/4 (no 124), pages 49 à 76
[193] Corinne Lepage, *Op, Cit*, p121

B – L'absence d'une juridiction internationale pour l'environnement

L'absence d'une juridiction internationale pour l'environnement enlève tout caractère contraignant aux conventions et traités internationaux. En effet, l'éco-terrorisme, les fraudes en tout genre, leur ramification mafieuse et l'insuffisante défense des victimes sont autant de raisons qui caractérisent l'absence d'une juridiction internationale pour l'environnement. Ainsi, l'absence de pouvoir de sanction propre des institutions internationales favorisent les atteintes portées aux ressources communes telles que les océans, la biodiversité, la fertilité humaine et les pollutions dont l'impact est de nature planétaire comme les gaz à effet de serre, les perturbateurs endocriniens ou encore les pollutions radioactives. Ainsi, la question de l'extension du champ d'application d'une juridiction pénale internationale de l'environnement à ce type d'infraction est donc posée, non plus en raison de la gravité du crime commis mais en raison de la ressource concernée.

Le second domaine d'inefficience du droit tient aux questions de responsabilité. Tout d'abord, il n'existe pas aujourd'hui de délinquance écologique au sens propre du terme. En effet, lorsqu'il y a des infractions dans le domaine de l'environnement, il s'agit le plus souvent de simples infractions administratives, c'est-à-dire de la méconnaissance d'autorisations administratives. L'atteinte aux milieux stricto sensu n'est réprimée que lorsqu'elle porte sur l'eau et sur quelques espèces protégées. Dans tous les autres cas (air, sol, déchets, biodiversité), les dommages causés aux milieux ne font pas l'objet d'incriminations pénales. Ces atteintes concernent seulement, la plupart du temps, le non-respect de formalités administratives que les spécialistes dénomment « délits papiers ». Ainsi, soit il s'agit de dommages causés aux personnes, et c'est le droit pénal général qui s'applique, soit il s'agit de simples infractions administratives, et l'enjeu pénal est extrêmement faible. Il n'en demeure pas moins que la voie pénale reste largement privilégiée pour tous les domaines qui touchent à l'impact de l'environnement sur la santé humaine, pour la bonne et simple raison qu'il est aujourd'hui quasiment impossible, en utilisant le droit civil, de parvenir à la réparation complète du dommage. En effet, les règles de charge de la preuve et le coût de l'expertise rendent trop souvent impossible d'envisager d'utiliser la responsabilité civile pour réparer les dommages causés aux personnes et à l'environnement[194].

Aussi, il faut noter que l'Organisation Mondiale du Commerce (OMC) qui, de plus en plus, est appelée à se prononcer sur des litiges opposant la libéralisation

---

[194] *Ibid*

des échanges à la protection de la santé et de l'environnement, a largement tendance à privilégier les premières sur les secondes, arguant de ce qu'elle n'est pas chargée de sanctionner la protection de l'environnement ou celle de la santé. Dans ces conditions, les Accords multilatéraux de l'environnement (AME) ne sont même pas garantis dans leur applicabilité lorsqu'ils entrent en conflit avec les règles de l'Organisation mondiale du commerce.

Tout cela explique la très grande fragilité du droit de l'environnement international. Sans organisation puissante, sans moyens de sanctionner les accords conclus et sans juridictions, le droit de l'environnement international est, en réalité, embryonnaire. À ceci s'ajoute le fait que lorsque des conventions sont établies pour permettre une indemnisation objective des victimes, elles constituent, en réalité, des systèmes de réparation *a minima* des dommages[195]

Le régime juridique de protection de l'environnement au Congo tel qu'analysé présente de nombreuses faiblesses. À cet effet, l'État des lieux de la protection environnementale révèle un certain nombre de faits et comportements qui, si rien n'est fait, font finir par dégrader totalement cet environnement, important et nécessaire pour la vie de l'homme et des espèces vivantes. Il convient de rappeler que la surexploitation des ressources forestières, agricoles et minière a pour principale cause la déforestation.

D'autre part, il apparait que le cadre juridique (législatif, règlementaire et institutionnel) national, sous-régional et international connaît des insuffisances liées, quant à elle, aux ressources humaines et financières. De ce constat, on peut affirmer qu'il en résulte un déséquilibre entre l'Homme et la nature dans leur interrelation.

Il convient de garder à l'esprit que l'importance de la protection de l'environnement dans la régulation des grands courants climatiques et des écosystèmes est incontestable. Toutefois, bien plus que de son étendue, son importance vient également des ressources biologiques végétales et animales qu'il contient, dont un grand nombre d'espèces endémiques

Pourtant, il faut agir vite pour sauver l'environnement. C'est pourquoi il est impératif d'intégrer les éléments du développement durable dans la protection de l'environnement au Congo.

---

[195] Corinne Lepage, *Op, Cit*, p122

Paragraphe III : L'impérative nécessité d'intégrer les éléments du développement durable dans la protection de l'environnement

Les outils les plus efficaces pour une meilleure protection de l'environnement demeurent la gestion durable, élément indispensable pour une exploitation durable des ressources environnementales. Par ailleurs, la gestion durable exige la mise en place des mécanismes propres aux réalités congolaises.

A - La gestion durable, élément indispensable pour une exploitation rationnelle des ressources environnementales

La gestion durable de l'environnement est une mesure qui s'impose de nos jours. Certes des principes ont été posés mais, dans les faits, ils demeurent insuffisants. C'est pourquoi, il convient de procéder au renforcement des principes et des outils de gestion durable avec la mise en place des mécanismes propres aux réalités congolaises. Ce renforcement appelle la mise en place effective de la gestion communautaire dans la protection de l'environnement, d'une part, et à l'application du principe de précaution et de l'évaluation de l'impact environnemental, d'autre part.

La mise en place effective de la gestion communautaire implique d'associer les communautés locales et riveraines dans la prise de décisions liées à la conservation et à la gestion des forêts du Bassin du Congo. Christoph EBERHARD[196] estime que : « *le principe de participation du public et droit à l'information au centre des mécanismes contemporains d'organisation[197]* ». C'est pourquoi, dans la pratique, nous proposons la gestion participative à travers l'intégration de la population locale dans les organes consultatifs de gestion et la mise en place d'organes consultatifs en fonction des différentes communautés locales.

Il faut rappeler que les ressources environnementales sont du domaine de l'État selon la Constitution congolaise de 2015. À ce titre, toutes les décisions y relatives relèvent de l'État. Cependant, il faut faire remarquer que l'administration environnentale est marquée par un laxisme notoire et des faiblesses liées aux insuffisances de compétences et financières. Le fait pour l'État de gérer seul la conservation et la préservation des ressources naturelles

---

[196] Christoph Eberhard est chercheur et professeur, titulaire de la chaire Droit, gouvernance et développement durable de la Fondation Charles Léopold Mayer pour le Progrès de l'Homme (FPH) et chercheur du « Projet Courage » de la Fondation Bernheim
[197] Patrice Talla Takoukam et Djédjé Gnahoua, *Les outils pour une gestion durable des forêts, Evolution des cadres législatifs nationaux depuis 1992*, Etudes juridiques de la FAO 2013, p9

révèle de profondes failles. Catherine AUBERTIN, souligne à son tour que « *la gestion étatique de la biodiversité a souvent conduit à de graves crises de la conservation, à la fois sociales et écologiques, et à des critiques très virulentes vis-à-vis de ces modes de gestion de la nature* »[198].

D'où toute la nécessité d'une mise en place effective de la gestion communautaire. Elle nécessite d'associer les populations locales pour une gestion durable et rationnelle. Il s'agit d'élargir le cercle de responsabilité afin que l'État ne soit plus le seul responsable et d'impliquer tous les concernés dans la prise de décision.

En effet, au Congo, la terre appartient généralement à l'État et la gestion des ressources naturelles est extrêmement centralisée. Les systèmes fonciers communautaires traditionnels ont persisté du fait de la médiocrité des infrastructures, de la faiblesse des autorités gouvernementales centrales et des établissements humains ruraux petits et dispersés, autant de facteurs qui rendent difficiles la prise de conscience et la mise en application des lois. Il s'agit sans doute de l'un des facteurs qui a été à l'origine de la mise à l'écart des communautés locales dans la gestion du patrimoine naturel.

De nos jours, il est indispensable d'intégrer la population locale dans les organes consultatifs pour une gestion et une protection efficace du patrimoine naturel. Il s'agit non seulement de l'inciter à se réapproprier son patrimoine mais aussi de l'intéresser à la conservation de l'environnement. Cette intégration suppose, en même temps, une prise en compte des préoccupations communautaires dans la prise de décisions relatives à la gestion et à la protection forêts. La gestion participative suppose de faire intervenir les communautés et populations locales non seulement à la prise mais aussi à l'application des décisions relatives à la protection du patrimoine naturel. La mise en œuvre de la décision de protection doit incomber aux communautés locales[199]. À ce sujet, Bocar Oumar qualifie de « *légitime dans la mesure où la concertation porte sur le processus de planification et de gestion du patrimoine culturel et naturel. Elle peut se présenter sous forme de consultation obligatoire ou d'avis conforme* »[200].

L'efficacité de la protection de l'environnement du Congo dépend donc de l'implication de tous les acteurs avec un accent particulier sur la participation des populations locales car il s'agit de protéger un patrimoine naturel qu'elles connaissent et qu'elles protègent tant bien que mal à travers les pratiques

---

[198] Le développement durable, nouvel âge de la conservation, cité par Patrice Talla Takoukam et Djédjé Gnahoua, *Op, Cit*, p11
[199] Ulrich kevin Kianguebeni, *Op, Cit*, p319
[200] Bocar Oumar, *Op., Cit.*, p45

traditionnelles, une sorte de code moral fait d'interdits et de pratiques traditionnelles et symboliques. Il suffit de marquer une reconnaissance officielle ou une légitimation à cette action pour que celle-ci soit en harmonie avec le système traditionnel. Cette reconnaissance caractérise ainsi l'implication de tous les acteurs dans les prises de décision tant au niveau local que national. Une gestion communautaire qui apparaît comme un autre vison de la conservation de de l'environnement mettant en œuvre des initiatives locales et qui a pour objectifs :

- de maintenir en l'état le patrimoine naturel communautaire ; le bien communautaire étant inaliénable ;
- de contribuer au maintien de l'intégrité des ressources environnementales en conservant ses fonctions cultuelles, religieuses, rituelles et spirituelles car les croyances ancestrales qui se transmettent de génération en génération sont présentes dans l'esprit de ceux les appliquent.
- De conserver ainsi l'intégrité et l'authenticité des zones forestières dont les populations locales sont propriétaires.

Plus concrètement, chaque acteur doit avoir la possibilité de participer à la gestion et la protection de l'environnement notamment dans le processus de prise décision et d'exécution de projets y relatifs (mise en place des aires protégées par exemple). Sur ce point, il faut noter qu'il s'agit d'une initiative irréversible. Henri-Philippe Sambuc estime que « *la protection des paysages culturels, à travers les systèmes de gestion traditionnelle, par exemple, suppose une participation de la communauté au processus de prise de décision concernant ces paysages culturels et une mise en œuvre de ces décisions*[201] ».

Au niveau international, il convient de garder à l'esprit que le principe de participation est consacré dans de nombreux textes internationaux, notamment, la Déclaration de Stockholm 1972[202], les Déclarations les deux conventions de Rio de 1992[203]. Le Principe10 de la Déclaration de Rio de 1992 déclare que « *la meilleure façon de traiter les questions d'environnement est d'assurer la participation de tous les citoyens concernés, au niveau qui convient* ». Les « Principes des Forêts » de 1992 mentionnent non seulement « *la participation intégrale des femmes à tous les aspects d'une gestion, d'une conservation et*

---

[201] Henri-philippe Sambuc, *La protection internationale des savoirs traditionnels. La nouvelle frontière de la propriété intellectuelle*, L'Harmattan, Juillet 2003, p158
[202] La Déclaration de Stockholm 197226, dans ses principes 4 et 19, indique que la responsabilité du public doit être retenue en pleine connaissance de cause ; c'est donc nécessairement une responsabilité basée sur un comportement éclairé
[203] Déclaration de rio sur l'environnement et le développement

d'une exploitation écologiquement viable des forêts[204] » mais également la reconnaissance et la mise en relief d'une participation appropriée des populations locales[205]. Quant à la convention sur la diversité biologique 1992, elle affirme la nécessité d'assurer la participation à tous aux décisions politiques concernant la conservation de la diversité biologique. Au niveau européen, la convention d'Aarhus de 1998 garantit la participation du public au processus décisionnel, l'accès à l'information et à la justice en matière de l'environnement. La Convention africaine sur la conservation de la nature et des ressources naturelles révisée et adoptée à Maputo le 11 juillet 2003[206].

B – La mise en place d'organes consultatifs en fonction des différentes communautés locales

L'environnement congolais comprend des forêts qui abritent des populations se regroupant en communauté et ethnie. On y trouve des Bantous et des peuples autochtones. Il est indispensable de tenir compte de l'appartenance ethnique pour assurer une meilleure participation des communautés locales à la mise en place des éléments d'une gestion durable de ces forêts.

Dès son indépendance, le Congo a semblé méconnaître cette dimension. Les conséquences entraînées par la méconnaissance de cette réalité se sont manifestées lors des différentes alternances qui se sont opérées au plan politique. Ainsi par exemple en 1959, alors que les électeurs congolais venaient de mettre en place leur assemblée territoriale dans l'optique de la loi cadre, de violents affrontements opposèrent les partisans de Youlou, d'ethnie Lari du sud du pays-alors Premier ministre, et ceux d'Opangault, représentant l'ethnie *M'bochi* du Nord du Congo[207]. Cet exemple illustre assez bien la sensibilité ethnique au Congo.

En pratique, il convient d'organiser les populations locales et riveraines, habitantes des forêts congolaises en tenant compte de leur appartenance ethnique car on peut supposer que l'on trouve les mêmes pratiques traditionnelles au sein d'une même ethnie en raison d'un quotidien commun depuis des millénaires. A

---

[204] Principe 5.b) la déclaration de principes, non juridiquement contraignante mais faisant autorité, pour un consensus mondial sur la gestion, la conservation et l'exploitation écologiquement viable de tous les types de forêts

[205] Principe 6.d) la déclaration de principes, non juridiquement contraignante mais faisant autorité, pour un consensus mondial sur la gestion, la conservation et l'exploitation écologiquement viable de tous les types de forêts

[206] La nouvelle Convention africaine sur la conservation de la nature et des ressources naturelles a été adoptée le 11 juillet 2003 à Maputo par la conférence des chefs d'Etats et de gouvernements de la nouvelle Union africaine. Sans mettre fin à la Convention d'Alger de 1968, elle la modifie et l'adapte, à l'évolution des connaissances scientifiques, techniques et juridiques internationales

[207] Xavier Kitsimbou, *La démocratie et les réalités ethniques au Congo*, Thèse de Sciences Politiques, Université de Nancy II, p7

terme, l'objectif est de comprendre ces pratiques, les inventorier pour les codifier. Cependant, il faut noter que pour mettre en œuvre une gestion durable participative, « *il est utile de réfléchir à des étapes clés qui pourront évoluer si la mise en œuvre atteint ou pas ses objectifs. Il s'agira alors, par effet retour, d'ajuster les objectifs et les méthodes, de mieux s'adapter aux évolutions du contexte (conditions environnementales, socio-économiques) et de revoir en conséquence le plan d'aménagement pour mieux répondre à ces ajustements[208]* ».

C'est dans cette perspective qu'il convient de réaliser quelques préalables comme la définition des objectifs de la gestion participative pour chaque communauté afin de déterminer le statut des forêts ou du bien naturel devant faire l'objet de la protection. Autrement dit, il s'agit de procéder à l'identification patrimoine naturel objet de la protection, de cibler les personnes ressources, les sachants et autorités coutumières devant servir de relais auprès de la communauté.

Enfin, il faut sensibiliser tous les acteurs pour les impliquer plus facilement dans les projets de gestion et de valorisation qui concernent directement la biodiversité et les écosystèmes. De ce fait, si aucune avancée n'est constatée, on peut comprendre que la méthode ne marche pas. Il peut en être ainsi si les personnes ressources n'ont pas servi d'intermédiaire avec la base[209].

En réalité, la gestion participative vise principalement la gestion durable patrimoine naturel. À ce propos, Lazarev affirme que « *le développement ne peut être durable que s'il est effectivement pris en charge par les populations qu'il concerne, ce qui suppose une certaine libération politique et une pratique effective de la démocratisation à la base[210]... »*

Cette gestion suppose d'une part, d'agir avec la population par l'intermédiaire d'élus locaux qui disposent de la légitimité conférée par l'État, et de créer une relation de confiance, de proximité avec la population pour mettre en place des politiques environnementales adéquates. La gestion participative permet aux populations de se sentir plus concernées par la gestion et la protection de leur forêt. En ce sens, elles sont amenées à respecter les normes et le bienfondé de la réglementation environnementale pour lesquels elles seront des porte-paroles.

---

[208] Nima Raghunathan, Françoise Ansay, Laurent Nsenga, *Gestion participative des Ressources Naturelles dans les Réserves de Biosphère. L'expérience du WWF dans les réserves de Luki, Yangambi (RDC) et Dimonika (République du Congo)*, wwf 2013, p5
[209] Propositions faites par l'auteur après une étude de terrain en 2015, reprises dans sa thèse sur la protection du patrimoine culturel et naturel au Congo, 2016
[210] Cité par Jean-Claude Nguiguiri, Les approches participatives dans la gestion des écosystèmes forestiers d'Afrique Centrale, in *Revue des Initiatives existantes* n°23, juillet 199, p3.

D'une manière générale, établir une relation équilibrée avec les populations locales est un gage de réussite et de pérennité de la gestion durable. Certes, les populations doivent respecter des contraintes et s'inscrire dans la politique forestière, mais en contrepartie elles souhaitent légitimement se voir accorder un appui et une reconnaissance. Ces notions d'équilibre et de contrepartie – qu'elles soient d'ordre spirituel ou matériel - sont essentielles[211]. Elles permettent d'accompagner les populations dans leurs initiatives locales de protection de la forêt. A titre d'exemple, on peut citer l'obligation faite à chaque membre du clan ou de l'ethnie à respecter le code moral fait d'interdits. En effet, il existe chez ces populations des préceptes, une sorte de loi traditionnelle et coutumière, non écrite et qui n'existe que l'esprit dans ceux qui l'appliquent. Ce code traditionnel définit, par exemple les jours d'accès à la forêt, les jours de chasse, de pêche et de cueillette dans la semaine ou le mois. L'application obligatoire de ces interdits constitue un moyen efficace de gérer la forêt de manière saine.

Il faut tout aussi préciser que la désobéissance à ces règles traditionnelles entraine des sanctions et châtiments sévères comme la raréfaction du gibier dans les forêts et des poissons dans les eaux, la perte de son chemin de retour (en cas de chasse).

Ainsi, nous pouvons dire que la participation des communautés locales en fonction de leur appartenance ethnique est un facteur de cohésion. Elle permet d'éviter les éventuelles incompréhensions pouvant naître de rivalités conjoncturelles. Il revient donc aux autorités administratives de raffermir les rapports interethniques en plaçant l'identité culturelle au cœur des préoccupations forestières. La protection de l'environnement est foncièrement culturelle pour les populations locales.

En conclusion, le Congo ne peut pas échapper à la gestion participative dans une gestion que l'on veut durable de l'environnement. Avec la participation publique, le droit à l'information constitue une condition procédurale intégrale requise, tiré des principes internationaux et reconnu dans de nombreux instruments internationaux. Dans le secteur forestier par exemple, le droit à l'information est une condition fondamentale pour déterminer la qualité de la participation communautaire dans le processus de prise de décision lié notamment au processus du mécanisme REDD+. C'est un domaine important de la responsabilité privée et publique et le gouvernement ainsi que ses interlocuteurs privés ont la responsabilité de fournir aux communautés concernées une information appropriée surtout dans la mise en œuvre du

---

[211] Arianna Ardesi (sous la dir.), *Patrimoine culturel et enjeux territoriaux en Afrique francophone. Appui aux politiques locales,* AIMF-UE 2012, p24

processus du mécanisme REDD+. Cette condition constitue une sécurité pour les communautés dont les moyens de subsistance et les conditions d'existence sont affectés par les activités REDD[212]+.

[212] Patrice Talla Takoukam et Djédjé Gnahoua, *Op, Cit*, p14

PARTIE III:

L'OBLIGATION D'APPLIQUER LES MESURES CONTRAIGNANTES

Les mesures contraignantes consistent en l'obligation d'une étude d'impact environnemental et en la mise en place d'un nouveau principe directeur de l'environnement. Aussi, elles exigent la mise en place des mécanismes propres aux réalités congolaises et l'obligation de réaliser un inventaire du patrimoine naturel

Chapitre I : L'obligation d'une étude d'impact environnemental et la mise en place d'un nouveau principe directeur de l'environnement

Les obligations ci-dessus mentionnées permettent d'assurer une protection adéquate de l'environnement avec pour finalité une gestion durable des ressources naturelles.

Paragraphe I : L'obligation d'une étude d'impact environnemental

C'est une approche par précaution qui devrait s'imposer avant la réalisation de tout projet relatif à l'exploitation des ressources naturelles. Il s'agit d'une démarche au contenu précis.

A – Une approche par précaution

Le principe de précaution est apparu dès la phase initiale des débats environnementaux et fut défini dans le Principe15 de la Déclaration de Rio « *afin de protéger l'environnement, l'approche de précaution doit être largement appliquée par les États selon leurs responsabilités. Quand il existe des menaces de dommages irréversibles ou sérieux, l'absence de totale certitude scientifique ne doit pas être utilisée pour retarder les mesures rationnelles en termes de coût, destinées à prévenir une dégradation environnementale*[213] ». Il est largement reconnu que l'approche de précaution constitue le premier principe de protection de l'environnement et des ressources naturelles. Un grand nombre d'instruments multilatéraux sur l'environnement prévoit des dispositions relatives au principe de précaution[214]. Aussi, il s'impose la mise en place des

---

[213] Au-delà de la Déclaration de Rio, il est souligné dans le Protocole de Montréal, la Convention sur la Biodiversité (CBD), la CNUFCCC, l'Accord aux fins de l'application des dispositions de la Convention des Nations Unies sur le droit de la mer du 10 Décembre 1982 relatives à la conservation et à la gestion des stocks de poissons dont les déplacements s'effectuent tant à l'intérieur qu'au-delà de zones économiques exclusives (stocks chevauchants) et des stocks de poissons grands migrateurs du 4 décembre 1995, la Convention OSPAR de 1992 destinée à prévenir et éliminer la pollution et, également, à protéger le milieu marin de l'Atlantique du Nord-est contre les effets néfastes des activités humaines et le Protocole de 1996 sur la Convention de Londres
[214] *Ibid.*

mécanismes de protection propres aux réalités congolaises avec notamment l'obligation de réaliser un inventaire du patrimoine naturel.

Pour une protection adéquate de l'environnement au Congo, des nouveaux mécanismes de gestion et de conservation s'imposent. Ils répondent au principe de précaution et l'évaluation de l'impact environnemental qui est au centre de la gestion durable. Étude scientifique préalable, son objectif est d'éviter qu'un projet justifié au plan économique ou au point de vue des intérêts immédiats du propriétaire (public ou privé) d'un projet ne se révèle ultérieurement néfaste ou catastrophique pour l'environnement. On cherche à prévenir les atteintes à la nature en évaluant à l'avance les effets de l'action de l'homme sur son milieu naturel. Pour Prieur, c'est la mise en application du vieux principe : « mieux vaut prévenir que guérir », et pour cela il faut réfléchir avant d'agir. C'est ce principe qui constitue le fondement de l'évaluation environnementale dont les critères dans la gestion durable des forêts devraient être précisés[215].

Au début des années 80, nombreux sont les traités internationaux qui prescrivent des mesures relatives aux évaluations d'impact sur l'environnement, lesquelles acquièrent une portée de plus en plus large et contiennent des dispositions et des exigences de plus en plus détaillées. L'exigence de ces EIE[216] est de nos jours vulgarisée dans ces instruments internationaux qui prescrivent que les États ne devraient plus entreprendre ou autoriser des activités sans prise en considération préalable de leurs effets sur l'environnement[217]. Partant du fait que l'exploitation des forêts du Bassin du Congo cause des nombreux dégâts environnementaux, il est essentiel, en amont, de procéder à une étude pour mesurer les impacts causés par les exploitations forestières pour en éviter les dérives et les dégâts comme on peut en assister.

En effet, il convient de rappeler que chaque opération d'exploitation occasionne des dommages spécifiques. On distingue ceux créés par l'installation de la base (campement ou industrie), le réseau de routes d'évacuation (principales et secondaires), l'abattage, le débardage et son réseau de pistes, les parcs à bois.

Le Bureau FAO de Brazzaville estime, par exemple qu'au sein des forêts du Bassin du Congo, la construction des routes entraîne une disparition totale de la végétation et de la couche d'humus sur toute la route de l'assiette. Pour cela, il faut plusieurs années après la fermeture de la route pour que la nature reprenne ses droits et pour réparer les dégâts occasionnés.

---

[215] Michel Prieur, *Droit de l'environnement*, Dalloz, 2004, p. 72
[216] Etudes d'Impact Environnemental
[217] Eric Jackson Fonkoua, *Les études d'impact environnemental dans les projets de développement au Cameroun*, Mémoire de Master 2, Université de Liège, 2006, p19

L'abattage, pour sa part, fait partie des activités qui peuvent causer des impacts sévères au peuplement restant. Les dégâts d'abattage dépendent directement du nombre de tiges prélevées à l'hectare et naturellement de la taille de l'arbre abattu. De ce fait, les dégâts peuvent être très variables au sein d'un même massif forestier. Les études réalisées dans ce domaine démontrent dans l'ensemble qu'il est difficile de limiter de façon significative l'impact de l'abattage sur le peuplement restant[218].

Par ailleurs, il est important de rappeler que l'exploitation des ressources forestières et les projets d'aménagement forestiers sont susceptibles de causer une dégradation significative à l'environnement, l'EIE est exigée soit par la loi forestière, soit par la loi environnementale ou encore par une réglementation spécifique. Les dispositions relatives à l'EIE commandent que tous les principaux investissements et activités de développement forestiers soient soumis aux principes directeurs de l'EIE[219].

De ces situations, il apparaît clairement que l'exploitation des ressources naturelles cause d'énormes dégâts sur l'environnement. Ce qui justifie l'importance et même l'obligation d'une étude d'impact préalable.

B – Une démarche au contenu précis

L'évaluation environnementale est un processus visant à intégrer l'environnement dans l'élaboration d'un projet, ou d'un document de planification, et ce dès les phases amont de réflexions. Elle sert à éclairer tout à la fois le porteur de projet et l'administration sur les suites à donner au projet au regard des enjeux environnementaux et ceux relatifs à la santé humaine du territoire concerné, ainsi qu'à informer et garantir la participation du public. Elle doit rendre compte des effets potentiels ou avérés sur l'environnement du projet, du plan ou du programme et permet d'analyser et de justifier les choix retenus au regard des enjeux identifiés sur le territoire concerné. L'évaluation environnementale doit être réalisée le plus en amont possible, notamment, en cas de pluralité d'autorisations ou de décisions, dès la première autorisation ou décision, et porter sur la globalité du projet et de ses impacts. L'évaluation environnementale s'inscrit ainsi dans la mise en œuvre des principes de prévention, d'intégration, de précaution et de participation du public.

---

[218] Lionel Constantin Fosso, *Evaluation des dégâts causés par l'exploitation forestière sur les tiges d'Avenir : cas de l'UFA 10 060 de la SCTB, Est Cameroun*, Mémoire de Master pour le titre d'Ingénieur des Eaux, Forêts et Chasses, Université de Dschang, FASA, 2001, p56
[219] Patrice Talla Takoukam et Djédjé Gnahou, *Op, Cit*, p17

Ainsi, l'étude d'impact désigne à la fois une démarche et un dossier réglementaire. Une démarche (partagée autant que possible) mise en place par le porteur du projet pour intégrer, dans la conception même du projet, les préoccupations et les enjeux environnementaux des territoires concernés. Un document dont le contenu expose, à l'intention de l'autorité compétente pour prendre la décision d'autorisation, d'approbation ou d'exécution du projet et à l'intention du public, la façon dont le maître d'ouvrage a pris en compte l'environnement dans la conception, la réalisation et l'exploitation de son projet, voire dans sa déconstruction, ainsi que les dispositions qu'il s'engage à mettre en œuvre pour en limiter les impacts négatifs[220].

Au Congo, l'article 2 de la loi N°.003/91 du 23 Avril 1991 sur la protection de l'Environnement dispose : « Tout *projet de développement économique en République du Congo doit comporter une étude d'impact sur l'environnement* ». Cet article accorde tout son sens à l'EIE qui destiné à prévenir les risques environnementaux liés à l'exploitation des ressources naturelles. Il s'agit d'un processus qui, au tout début de la planification, cerne et évalue les risques d'incidences environnementales découlant d'un projet prévu. L'EIE établit les mesures qui peuvent être adoptées pour contrer les effets environnementaux négatifs ou pour les réduire à des niveaux acceptables au préalable. L'EIE représente donc une approche proactive et préventive en matière de gestion et de protection environnementales[221]. Cette disposition de la loi N°.003/91 du 23 Avril 1991 rend donc obligatoire l'EIE qui devient un outil indispensable à mettre en œuvre en amont de l'exploitation forestière.

Dans le même sens, il convient de noter que par le décret n° 2009/415 du 20 novembre 2009 fixant le champ d'application, le contenu et les procédures de l'étude et de la notice d'impact environnemental et social et l'arrêté n° 835/MIME/ DGE du 6 septembre 1999 fixant les conditions d'agrément pour la réalisation des EIE en République du Congo, sont venus enrichir l'arsenal congolais en ce qui de l'EIE.

Pour une réelle mise en œuvre de l'EIE, une note de service a été élaborée et rendue effective. La note de service n°001647/ MDDEFE/CAB-DGE du 25 mai 2010 qui porte organisation et fonctionnement du Comité Technique de Validation des EIE et la note de service n°002521/MDDEFE/CAB-DGE du 29 juillet 2010, qui fixe les frais à payer pour l'examen des termes de référence et des rapports par le comité de validation technique. Ainsi, il est clair que le Congo a prévu un prévu un certain nombre d'outils juridiques pour une

---

[220] https://www.ecologie.gouv.fr/levaluation-environnementale, consulté le 16 janvier 2021
[221] Jamie Schnurr, Susan Holtz, *Le défi de l'intégration : pour des politiques convergentes*, IDRC, 1999, p148

meilleure des forêts dans leur ensemble, et, particulièrement celles du bassin du Congo en raison de leur importance. Mais il est à noter dans l'application de cette mesure, de nombreux facteurs pouvant être remis en cause.

Face à cette situation, les professionnels en évaluation environnementale de dix pays de l'Afrique centrale (Burundi, Cameroun, Gabon, Guinée Équatoriale, République Centrafricaine, République Démocratique du Congo, République du Congo, Rwanda, Sao Tomé et Principe, Tchad) décident, en 1998, de s'organiser en Associations nationales pour l'évaluation environnementale. Ces associations nationales se regrouperont ensuite en un Secrétariat pour l'Évaluation Environnementale en Afrique Centrale (SEEAC[222]). Cette initiative vient pallier les insuffisances de l'État central en matière de l'EIE. Il convient, cependant, de rappeler que les faiblesses des administrations forestières sont liées au laxisme et à l'insuffisance du personnel. À cela s'ajoute le problème de compétence du personnel qui n'est pas toujours au faîte de la règlementation forestière par défaut de formation et renforcement de capacité.

Dans les faits, la demande de réalisation de l'EIE adressée à l'administration avec le projet de termes de référence à valider doit contenir un exemplaire du projet. Le décret annonce des lignes directrices ressortant le contenu des termes de référence, mais ces dernières ne sont pas disponibles. La qualification des experts engagés pour l'élaboration et la validation des termes de référence n'est pas spécifiée. La qualité des textes en lien avec les exigences sur le contenu des études d'impact est en amélioration et jugée relativement bonne. Le contenu de l'EIE doit être en relation avec l'importance des travaux et des impacts anticipés[223]. Cependant, il faut noter que la mise en œuvre de l'obligation de l'EIE en amont de toute exploitation des ressources naturelles pose des problèmes. En effet, malgré les dispositions législatives et règlementaires, on constate un écart entre le principe énoncé et son application sur le terrain. Au Congo, une des missions dévolues au Parlement est le contrôle de l'action de l'exécutif. Pour l'instant, les décisions relatives à l'EIE sont non partagées et prises par le ministère en charge l'environnement qui n'est pas un corps élu. Il n'y a pas non plus de séparation entre l'autorité qui décide en matière d'EIE et celle qui assure les inspections[224].

Cet état des choses illustre toute la difficulté de réaliser une EIE dans les règles de l'art. Nous ne le dirons jamais assez les administrations forestière et

---

[222] Dieudonné Bitondo, Reinoud Post, Judith Van Boven, *Evolution des systèmes d'étude d'impact sur l'environnement en Afrique centrale : Rôle des associations nationales de professionnels,* Digit Print, 2013, p1

[223] L'article 10 du décret n° 2009/415 du 20 novembre 2009 fixant le champ d'application, le contenu et les procédures de l'étude et de la notice d'impact environnemental

[224] Dieudonné Bitondo, Reinoud Post, Judith Van Boven, *Op, Cit,* p50

environnementale sont confrontées aux mêmes problèmes qui affaiblissent leur action (problèmes de ressources humaines et financières, problèmes de formation et de compétence…).

Paragraphe II : La nécessité d'un nouveau principe directeur de l'environnement

Un nouveau principe directeur est obligatoire pour la protection de l'environnement au Congo. Ce nouveau cadre exprime un relèvement du niveau de protection dans la mise en place des mécanismes propres aux réalités congolaises.

A – Le relèvement du niveau de protection

La protection et la conservation de l'environnement sont assurées par les normes internationales et nationales constantes. Dans le contexte actuel où les enjeux économiques l'emportent souvent les enjeux écologiques et environnementaux, le principe de non régression serait une alternative aux modes de gestions environnementales antérieures.

Si ce principe a été intégré dans le code français de l'environnement, il doit l'être dans le code congolais de l'environnement car la conservation qui a besoin de nouveaux instruments pour être en plus efficace.

C'est donc à juste titre que Geneviève Gaillard[225] estime que « *ce principe prévoit qu'on ne peut abaisser le niveau de protection de l'environnement. C'est un principe de progrès selon lequel la protection de l'environnement ne peut faire l'objet que d'une amélioration constante. C'est un principe d'action et non d'interdiction : il n'interdit pas de modifier la règle existante dès lors que cela n'entraîne pas un recul de la protection. Ce principe est l'expression d'un devoir qui doit s'imposer aux pouvoirs publics au-delà des alternances politiques. Il ne s'agit pas du tout, comme je l'ai entendu dire, de remettre en cause les outils réglementaires de régulation des espèces, fussent-elles protégées, ni de faire disparaître les plans de gestion, ni de nier les progrès scientifiques ou techniques. Ce principe est le corollaire de l'article 2 de la charte de l'environnement, selon lequel toute personne a le devoir de prendre part à la préservation et à l'amélioration de l'environnement[226]* ».

---

[225] Députée Socialiste, écologiste et républicain des Deux-Sèvres (1re circonscription) jusqu'en 2017
[226] Rapport fait au nom de la commission mixte paritaire chargée de proposer un texte sur les dispositions restant en discussion du projet de loi pour la reconquête de la biodiversité, de la nature et des paysages, 26 janvier 2016

Les États présents à Rio+20 ont insisté sur la nécessité de poursuivre la mise en œuvre des engagements souscrits précédemment en matière de protection de l'environnementel en ces termes « *It is critical that we do not backtrack from our commitment to the outcome of the united nations conference on environment and développement. The international law principle of non-regression requires that existing norms or standards not be revised to reduce the protection of collective or individual rights[227]* ».

Afin d'aménager durablement les ressources environnementales, il est indispensable d'insérer ce principe en droit congolais de l'environnement. Il s'agit d'une consécration en matière de protection environnementale. Ce principe est donc une garantie de pérennité et de non-retour en arrière dans les politiques publiques de l'environnement. Il invite donc tout pays à mettre en place des mesures empêchant tout retour en arrière ou toute régression quant au niveau de protection de l'environnement atteint par chaque État en fonction de son statut de développement, c'est-à-dire empêcher les gouvernements de revenir sur des acquis environnementaux obtenus par le passé[228].

Pour Michel Prieur, ce principe qui est au cœur du « droit de l'homme à l'environnement[229] » consiste à faire du droit de l'environnement un droit irréversible. L'objectif est d'empêcher le recul des acquis obtenus aux différents sommets sur la protection de l'environnement et la conservation des forêts et de leur écosystème.

Il s'agit d'ériger ce principe en règle environnementale ayant la capacité de garantir les acquis de protection, de conservation et de sauvegarde. En un mot, il est question de faire de ce principe la traduction d'une volonté et d'un engagement à lutter contre les effets de la déforestation et à relativiser la perte de biodiversité.

Il n'y a pas une convention sur l'environnement qui ne mette en avant cette volonté de protéger et d'améliorer l'environnement ; ce qui *a contrario* rend illicite tout comportement des États qui chercherait à diminuer le degré de protection. On peut même trouver des formulations interdisant de réduire le niveau de protection atteint[230].

---

[227] « Il est essentiel de ne pas revenir sur notre engagement envers les résultats de la conférence des Nations Unies sur l'environnement et le développement. Le principe de non-régression du droit international exige que les normes existantes ne soient pas révisées pour réduire la protection des droits collectifs ou individuels »
[228] Patrice Talla Takoukam et Djédjé Gnahoua, *Op, Cit*, p20
[229] Michel, Prieur, Le principe de non régression "au cœur" du droit de l'homme a l'environnement, url : http://saber.unioeste.br/index.php/direitoasustentabilidade/article/viewFile/12361/8610
[230] Art. 10-3 de l'accord nord-américain de coopération dans le domaine de l'environnement de 1994 ; art. 41 du statut du fleuve Uruguay de 1975 ; art. 8 K de la convention sur la diversité biologique de 1992 ; chapitre 17 art. 2 du traité de libre commerce entre les États-Unis, l'Amérique centrale et la république dominicaine

Au Congo, il faut admettre que le chemin reste à faire pour imposer ce principe. Pourtant il mérite d'être inséré dans les nouveaux dispositifs juridiques nationaux et sous-régionaux afin de tenir compte de l'évolution des enjeux économiques qui deviennent chaque jour plus importants en raison de la croissance de la demande mondiale en ressources naturelles.

Les législations nationales doivent comporter en leur sein des outils de gestion durable de l'environnement. Cependant, comme nous l'avons souligné, les législations nationales ont jusque-là montré leurs limites. En cela, nous préconisons l'impératif renforcement des plans de gestion environnementale et de contrôle des permis d'exploitation. Par ailleurs, il faut envisager l'application des mesures contraignantes pour une exploitation durable de l'environnement.

La gestion durable vise à limiter les conséquences (environnementaux, écologiques, écosystémiques...) de l'exploitation abusive des ressources naturelles. Aussi, il faut noter que le renforcement des plans de gestion environnementale et sociale se doit d'intégrer la protection coutumière de l'environnement. De nombreuses études s'accordent à dire que les mauvaises politiques sont en général une des causes plus importantes de la déforestation sous les tropiques[231]. Il est donc indispensable de veiller à l'effectivité des éléments du plan de gestion environnementale afin qu'il constitue un appui à la gestion traditionnelle des ressources naturelles.

Le plan de gestion environnementale et sociale (PGES) est un instrument d'application récent du processus d'évaluation environnementale. Puisque cette dernière joue en faveur du développement durable, il apparait logiquement qu'un PGES se retrouve être un instrument d'application du développement durable. Cependant, si l'évaluation environnementale est un concept d'un peu plus de 40 ans qui a déjà été revu et amélioré au fil des années, le concept de PGES ne date, lui, que d'une dizaine d'années. Qui plus est, une multitude d'acteurs et de secteurs sont impliqués dans son processus de réalisation. Or, à la différence des études d'impacts environnementaux (ÉIE), les PGES n'ont fait l'objet d'aucune harmonisation ni même de concertation internationale ou sectorielle. Néanmoins, il est possible d'identifier un contenu général à tous les domaines d'interventions au niveau mondial. Un plan de gestion de ce type est généralement composé de mesures en faveur de la participation du public et de mesures d'atténuation, de compensation et de bonification des impacts environnementaux et sociaux identifiés. Puis, des mesures de surveillance et de

---

(CAFTA-DR) de 2003.
[231] Folmer, H. et van Kooten, «Deforestation», in Solutions *for the world's biggest problems: costs and benefits*, Cambridge, Royaume-Uni, Cambridge, University Press, p12

suivi sont inclues aux PGES dans le but de maîtriser les impacts du projet. En fonction des contextes socio-économiques et des acteurs impliqués, d'autres éléments viennent enrichir ce contenu[232].

Au Congo, les ressources naturelles et donc environnementales appartiennent à l'État et nul ne peut s'en servir sans son accord. Cependant, ces prérogatives accordées à la seule autorité publique engendrent des conséquences néfastes à l'égard du patrimoine naturel en raison des faiblesses de l'administration. C'est pourquoi, il convient de rendre effectives les mesures contenues dans le plan de gestion présenté par les exploitants. Il s'agit non seulement de veiller à leur conformité mais aussi à leur effectivité. En effet, l'effectivité du plan de gestion environnementale vise à assurer que les éléments clés de la politique environnementale soient rendus effectifs à tous les niveaux.

Dans le cas des forêts, le droit forestier requiert que les plans de gestion soient préparés et approuvés par le Ministère en charge des forêts. Les lois forestières incluent une sauvegarde destinée à assurer le respect et la conformité aux plans de gestion. Par exemple, une licence d'exploitation ne sera accordée seulement que si l'abattage proposé est conforme aux exigences du plan de gestion. Par ailleurs, les coupes annuelles autorisées, les limites inférieures de coupe, et les limites de circonférence ou diamètres minima déterminés, doivent être respectés[233].

L'évaluation environnementale est depuis longtemps ancrée dans les procédures de changements qui font évoluer la façon dont le développement doit être considéré à l'échelle internationale. Là où le développement actuel vise comme objectif la croissance économique en utilisant les aspects sociaux et environnementaux, les nouveaux concepts tendent à promouvoir le développement social en tant qu'objectif tout en prenant en considération l'environnement et en utilisant des ressources économiques comme moyen pour y parvenir. L'évaluation environnementale s'inscrit directement dans ce nouveau modèle communément appelé développement durable[234].

Pour ce faire, il est question d'imposer à tout exploitant, par une législation adaptée, une programmation des exploitations des ressources naturelles envisagées. En clair, la garantie de l'effectivité des éléments du plan de gestion

---

[232] Pierre Benabidès, « Plan de gestion environnementale et sociale obligations et performance pour un développement durable », Essai présenté au Centre universitaire de formation en environnement en vue de l'obtention du grade de maître en environnement (M. Env.), *Centre Universitaire de Formation en Environnement*
Université de Sherbrooke, Sherbrooke, Québec, Canada, avril 2011, p6
[233] Patrice Talla Takoukam et Djédjé Gnahoua, *Op, Cit,* p22
[234] Pierre Benabidès, *Op, Cit,* p1

nécessite de faire une application stricte du principe de l'autorisation préalable de l'autorité administrative avant toute exploitation. Cette autorisation peut être assortie de l'obligation, pour le bénéficiaire, de réaliser certains travaux liés aux coupes ou qui en sont le complément indispensable ». Ce principe va au-delà de la seule autorisation administrative, elle vise en même temps une obligation d'exploiter les ressources naturelles dans la perspective d'y apporter une solution de régénération du couvert forestier. Autrement dit, la coupe de bois doit être accompagnée d'un reboisement.

Par ailleurs, la garantie de l'effectivité des éléments du plan de gestion impose un renforcement des prérogatives de l'autorité environnementale. D'autre part, elle oblige à recourir à une procédure d'agrément dont dépend la totalité ou la majeure partie des ressources naturelles.

Le renforcement des prérogatives de l'administration doit porter sur la décentralisation dans l'attribution des licences et permis d'exploitation. En effet, ces permis et licences d'exploitation sont accordés par l'État central qui se trouve parfois débordé dans sa tâche et a du mal à assurer un suivi réel des dispositions législatives et règlementaires relatives à l'exploitation des ressources naturelles. De ce fait, débordé par les exigences de sa tâche, l'État finit par être inefficace.

En effet, le Congo connaît une décentralisation de façade car l'État central conserve la plupart des pouvoirs en matière de protection et de conservation du patrimoine naturel entravant ainsi l'action des structures décentralisées. La solution efficace consiste à accorder plus de pouvoir aux services décentralisés en charge de l'environnement. L'État doit alors déléguer ses pouvoirs à d'autres structures notamment celles décentralisées comme les Direction Régionales de chaque département. Ceux-ci doivent disposer, en divers endroits du pays (chefs-lieux des départements, communes, mairies…) d'agents assermentés (en fonction du personnel formé et disponible), chargés d'accorder et contrôler les activités liées à l'exploitation des ressources naturelles. Il convient aussi de mettre à leur disposition des services juridiques capables de poursuivre devant les juridictions compétentes, les éventuels contrevenants[235].

En outre, il convient de relever qu'en matière d'attribution d'agrément relatif à l'exploitation des ressources naturelles, la loi congolaise présente des insuffisances parce qu'il n'existe pas clairement de disposition légale dans le droit positif.

---

[235] Ulrich Kevin Kianguebeni, *Op, Cit*, p309

De manière logique, il est question de donner aux structures décentralisées la possibilité d'accorder des agréments obéissant à des normes fixées au préalable par l'autorité compétente avec délégation de pouvoir aux directions régionales.

B - La mise en place des mécanismes propres aux réalités congolaises

Elle appelle l'intégration des pratiques coutumières de protection de l'environnement dans le plan de gestion. En effet, **a**u Congo, le régime juridique de la protection de l'environnement en général et des forêts en particuliers est marqué par le sceau d'une dualité des règles. Une dualité entre les règles et pratiques traditionnelles caractérisant une gestion coutumière d'une part et la loi moderne héritée de la colonisation française. En réalité les pratiques traditionnelles assurent une protection symbolique des forêts et de son environnement le plus immédiat[236]. Par pratiques traditionnelles, nous entendons les usages et pratiques coutumières ou coutumes liés la protection des forêts. Il s'agit des savoirs et savoir-faire propres à chaque communauté locale, liés à des manifestations socio-culturelles marquant ainsi une cohésion de la vie communautaire. Ces pratiques sont des pratiques sociales, de contes, des savoirs, savoir-faire et de connaissances ancestrales. Elles sont essentiellement traditionnelles et coutumières, donc orales et n'existent que dans l'esprit de ceux qui l'appliquent. C'est pourquoi, il est nécessaire de les intégrer, à part entière, dans la protection de l'environnement. Cependant, il faut noter que ces pratiques connaissent une efficacité déclinante.

Chez les africains en général et les congolais en particulier, l'univers est divisé en deux sphères : l'une visible, l'autre invisible. Mais les deux sont en relations perpétuelles par le jeu des puissances invisibles. Le monde invisible perceptible par ceux qui ont une double vue, c'est-à-dire les nyctosophes (devin, voyant, sorcier), c'est le monde souterrain habité par les génies et les ancêtres, propriétaires et maitres de la terre, le ciel étant la demeure de l'être suprême, tandis que la terre est l'espace occupé par les êtres vivants : les hommes, les animaux, les eaux, les plantes. En effet, dans les communautés autochtones, les ancêtres sont les premiers propriétaires du sol qui porte l'environnement. Les forêts sacrées, souvent communautaires, sont conservées comme cimetières, sanctuaires pour des fétiches, lieux de culte ou d'initiation. Des études ont montré que ces sites, conservés depuis des millénaires, sont de véritables sanctuaires de biodiversité renfermant des espèces végétales et animales pouvant

---

être utilisées à des fins alimentaires, médicinales, etc. Ils ont été ainsi conservés grâce aux mythes, aux interdits totémiques, aux contes et légendes[237].

Éléments essentiels de la protection symbolique, les pratiques traditionnelles constituent le noyau qui cristallise toutes les expressions coutumières. Les communautés locales détentrice du savoir-faire traditionnel véhiculent à travers lui des valeurs identitaires de chaque tribu. En effet, ces communautés ont adopté depuis la période précoloniale des comportements de protection du patrimoine naturel. Des comportements dictés par la crainte d'un esprit supérieur qui est dans l'au-delà ou les génies de la forêt qui protègent les communautés. Ces pratiques traditionnelles et ces connaissances unissent la communauté et lui donnent sa cohésion dans la protection de son patrimoine naturel.

La forêt est une représentation ethno-mythologique, qui abrite le panthéon des dieux protecteurs du village. Leurs totems et représentations matérielles sont variés : la panthère, l'antilope cheval. Les animaux et les plantes totem deviennent sacrés et vénérés au même titre que la forêt (il existe des jours précis pour se rendre dans la forêt). Dans les forêts, certains chefs traditionnels sont intronisés ; c'est l'endroit où les ancêtres ont installé les dieux protecteurs quand ils choisissaient la terre d'accueil qui est devenue le village. Ainsi, les forêts sont sous l'autorité du chef coutumier ou d'un descendant du premier occupant des villages. C'est à lui qu'il faut demander l'autorisation de tout prélèvement. Il instaure une réglementation interdisant l'abattage des grands arbres sauf pour des usages publics : construction d'école, de dispensaire, de pirogue. Les populations rurales riveraines ont ainsi une notion de l'importance de la forêt et élaborent leurs propres normes de gestion ou de protection qui souvent ne sont pas en contradiction avec celles préconisées par la loi[238].

En effet, le code forestier congolais qui s'est fortement inspiré du code colonial[239] imprégné de la volonté de l'administration d'être le seul avec une logique de répression basée sur le contrôle de l'État. Diverses catégories de domaines forestiers ont été définies au sein desquelles l'État réglemente les usages coutumiers ainsi que d'autres utilisations de la terre potentiellement compétitives, y compris le pâturage et les espaces cultivés.

---

[237] Bienvenu Wapu Samaki, *La protection de l'environnement en droit coutumier congolais. Cas de pygmées de la province de l'Equateur en RDC*, Mémoire de Master en droit, Université catholique du Congo, 2012, p23
[238] Gaston S. Akouehou, « Environnement institutionnel et gestion traditionnelle des espaces forestiers : cas de la région des Monts Kouffé au Centre du Bénin », in Les *Cahiers d'Outre-Mer*, 226-227, 2004, 175-190
[239] Le Congo étant une ancienne colonie, le principe de mimétisme juridique a été imposé par l'administrateur colonial et le missionnaire.

La gestion est réalisée par les réglementions des usages paysans. L'administration environnementale revêt le caractère d'unités paramilitaires, et les agents forestiers se voient attribuer de vastes pouvoirs de police. L'une des conséquences importantes de l'hypothèse selon laquelle l'État est propriétaire des ressources communes est que les institutions locales perdent leurs droits coutumiers légitimes, car il n'y a pas de légalité s'il n'y a pas de loi correspondante, permettant un réel pouvoir de gestion des espaces forestiers par les communautés à contrôler l'utilisation de ces ressources[240].

C'est pourquoi, il est important que les outils de gestion durable prennent en compte les savoirs et savoir-faire traditionnel de conservation de l'environnement. En effet, les savoir et savoir-faire traditionnels sont l'expression de la diversité culturelle d'une communauté ou d'une ethnie. C'est à juste titre qu'ils sont définis par le droit de la propriété intellectuelle comme un ensemble des connaissances propres à une certaine région ou à une certaine communauté et transmises de génération en génération. D'autre part, les savoirs traditionnels désignent les connaissances, le savoir-faire, les techniques et les pratiques qui sont élaborées, préservées et transmises d'une génération à l'autre au sein d'une communauté et qui font souvent partie intégrante de son identité culturelle ou spirituelle. S'il n'existe pas encore de définition des savoirs traditionnels acceptée au niveau international, il est possible d'y apporter quelques éléments. On peut ainsi considérer que les savoirs traditionnels au sens large recouvrent les connaissances proprement dites ainsi que les expressions culturelles traditionnelles, y compris les signes distinctifs et les symboles associés aux savoirs traditionnels.

Au Congo, la grande caractéristique du savoir-faire demeure dans la croyance aux interdits qui cristallisent la gestion même des forêts. Les savoir et savoir-faire traditionnels disposent d'un caractère permanent en ce qu'ils ont existé depuis des millénaires dans les sociétés traditionnelles africaines et continuent a existé de nos jours. À ce titre, ils jouent un rôle important dans la protection des forêts. C'est pourquoi, Sitsofé Serge Kowouvih estime que « *la question des savoir-faire traditionnels revêt un caractère permanent car elle semble avoir habité, de tout temps, les préoccupations des États concernés* »[241].

Il convient aussi de souligner que ce savoir se transmet de manière particulière. En effet, « *la transmission s'effectue par l'intermédiaire de gestes ou oralement et l'apprentissage par mimétisme. Les parents montrent aux enfants des*

---

[240] Gaston S. Akouehou, *Op, Cit.*
[241] Sitsofé Serge KOWOUVIH, *Le savoir-faire traditionnel. Contribution à l'analyse objective des savoirs traditionnels*, Thèse de droit, Avril 2007, Université de Limoges, p89

manières de faire par des gestes qu'ils auront à reproduire, et leur racontent des histoires, ce qu'ils doivent savoir, afin de leur transmettre un patrimoine, qu'ils considèrent original et originel[242] ».

L'autre particularité des savoirs et savoir-faire traditionnels réside dans le fait que leur transmission peut se faire par alliance matrimoniale et interclanique. En effet, en Afrique centrale, il arrive qu'un homme initie un autre en contrepartie de sa sœur : il s'agit de la transmission par alliance. Alors que la transmission fondée sur la filiation obéit à un principe de conservation (héritage), la transmission fondée sur l'alliance obéit à un principe d'ouverture (diffusion hors du groupe). Certes, l'alliance reste subordonnée à la filiation : initier un beau-frère fait de lui un « fils ». Elle a néanmoins une fonction primordiale dans la mesure où elle assure la dynamique extensive de la diffusion initiatique à travers le pays[243].

Dans ce sens, il est aisé de constater que le facteur essentiel du mode de transmission du savoir-faire traditionnel reste la parole. Elle est ce trait d'union entre les sachants et la communauté sinon l'ethnie en ce qui est de la transmission des savoirs ancestraux. Jacques Chevrier estime que, « *s'il convient de souligner qu'il n'est plus question, aujourd'hui, d'étudier les sociétés traditionnelles africaines sous l'angle réducteur de sociétés sans écriture, la parole demeure, malgré les évolutions constatées depuis le début du vingtième siècle, le support culturel prioritaire et majoritaire par excellence, dans la mesure où elle en exprime le patrimoine traditionnel et où elle tisse entre les générations passées et présentes ce lien de continuité et de solidarité sans lequel il n'existe ni histoire ni civilisation[244]* ».

C'est au niveau du mode de transmission que réside la fragilité de cet outil qu'il faut intégrer dans la gestion durable. Cette fragilité peut conduire à la disparition totale des modes traditionnelles de conservation de la forêt car les sachants, détenteurs de cette connaissance disparaissent sans l'avoir légué aux générations futures. Ces pratiques sont considérées comme démodées par la jeune génération qui, en plus est attirée par les grands centres urbains, délaissant ainsi les villages, sources de transmission. L'objectif est donc de légitimer ces savoirs et savoir-faire par une codification afin qu'ils viennent renforcer le dispositif juridique déjà existant. Il est à rappeler qu'à partir de 1980,

---

[242]Julie Lioré, « Les mères, les filles et la cuisine "africaine" en situation de migration (Marseille) », Hommes & migrations, 1286-1287,2010, pp178-188.

[243] Julien Bonhomme, Transmission et tradition initiatiques en Afrique centrale, Thèse de doctorat en Anthropologie, Julien Bonhomme. Transmission et tradition initiatiques en Afrique centrale. Annales de la FondationFyssen, Fondation Fyssen, 2007, p.48-60.

[244] Jacques Chevrier, *L'arbre à palabres*, Hatier International, Paris 2005, p9

l'importance des savoirs locaux est prise en compte dans les débats mondiaux sur la nature (Roué, 2012 ; Tubiana, 2005). Cela a ouvert la voie aux chercheurs de diverses disciplines scientifiques qui en ont trouvé un champ d'investigation[245].

Chapitre II : L'obligation de réaliser un inventaire du patrimoine naturel

Elle repose sur l'obligation d'établir une liste du patrimoine naturel et sur la conciliation des impératifs du développement durable aux enjeux économiques.

Paragraphe I : - L'obligation d'établir une liste du patrimoine naturel

La loi congolaise du 26 juillet 2010 sur la protection du patrimoine national culturel et naturel prévoit deux principales mesures de protection du patrimoine culturel : l'inscription à l'inventaire et le classement[246].

A – L'inscription à inventaire

L'inventaire est une étape obligatoire dans la protection du patrimoine naturel. C'est une procédure légale qui constitue un préalable à la protection des ressources environnementales. Cependant, pour qu'il soit adéquat, cet inventaire doit réunir un certain nombre de conditions.

L'inventaire est indispensable pour la protection du patrimoine naturel au Congo. En effet, depuis l'entrée en vigueur loi congolaise du 26 juillet 2010 sur la protection du patrimoine national culturel et naturel, aucun inventaire du patrimoine naturel n'a été fait. C'est pourquoi un inventaire adéquat s'impose au Congo car « *on ne protège bien que ce que l'on connaît bien*[247] » disait Albert Lucas, président de la Société pour l'Étude et la Protection de la Nature en Bretagne dans les années 1960. Pour mieux protéger un patrimoine, il faut le connaître. L'inventaire a pour but de recenser, d'étudier et de faire connaître le patrimoine naturel. Pourtant le Congo semble s'en passer.

---

[245] Justin Kyale Koy, Pratiques traditionnelles de conservation de la nature à l'épreuve des faits chez les peuples riverains de la réserve de biosphère de Yangambi (RDC), European Scientific Journal March 2017 Edition, vol.13, No.8 ISSN: 1857 – 7881 (Print) e - ISSN 1857- 7431, p329
[246] Articles 8 à 15 de ladite loi
[247] http://www.bretagne-environnement.org/Media/Acteurs/Qui-fait-quoi/L-inventaire-du-patrimoine-geologique-en-Bretagne, consulté le 12 octobre 2014

C'est pourquoi l'une des perspectives de la protection de l'environnement au Congo se trouve être l'établissement d'une liste du patrimoine naturel. À ce propos, la loi du 26 juillet 2010 sur la protection du patrimoine national culturel et naturel au Congo s'est inspirée de la Convention du patrimoine mondiale de 1972 qui dans article 3 stipule que : « Il appartient à chaque État-partie à la présente Convention d'identifier et de délimiter les différents biens situés sur son territoire et visés aux articles 1 et 2 ci-dessus ». L'article 4 poursuit en disposant « Chacun des États-parties à la présente Convention reconnaît que l'obligation d'assurer l'identification, la protection, la conservation, la mise en valeur et la transmission aux générations futures du patrimoine culturel et naturel visé aux articles 1 et 2 et situé sur son territoire, lui incombe en premier chef. Il s'efforce d'agir à cet effet tant par son propre effort au maximum de ses ressources disponibles que, le cas échéant, au moyen de l'assistance et de la coopération internationales dont il pourra bénéficier, notamment aux plans financier, artistique, scientifique et technique ».

Pour ce qui est de l'inventaire du patrimoine naturel, la Convention de 1972 est sans équivoque. Elle recommande à chaque État-partie de prendre les mesures juridiques, scientifiques, techniques, administratives et financières adéquates pour l'identification, la protection, la conservation, la mise en valeur et la réanimation de ce patrimoine[248].

La méthodologie mise en œuvre pour cet inventaire consistera à constituer une masse documentaire homogène comprenant des dossiers descriptifs, des plans, des photographies et une bibliographie au moyen d'une grille d'analyse et de vocabulaires normatifs. Il s'agit de procéder à un inventaire de tout le patrimoine naturel congolais en vue d'une meilleure protection et, d'une gestion objective. Sur la base de cet inventaire, il peut être envisagé l'informatisation des sites et paysages naturels ainsi que la création de banques de données sur le patrimoine naturel national. Cet inventaire conduit à l'établissement d'une liste des biens naturels qui présentent un intérêt conformément à l'article 8 de la loi sur la protection du patrimoine national culturel et naturel qui dispose : « *l'inscription à l'inventaire du patrimoine consiste en l'enregistrement des biens culturels et naturels (meubles et immeubles) appartenant à l'État, aux collectivités locales, aux associations ou à des personnes physiques ou morales qui, sans justifier d'une nécessité de classement immédiat, présentent un intérêt du point de vue de l'art, de la science et de la technique pour exiger la préservation* ».

---

[248] Article 5

Selon le droit positif congolais, l'inscription à l'inventaire doit être prononcée par un arrêté du ministre en charge de l'environnement et l'acte d'inscription à inventaire doit être notifié par l'autorité compétente au propriétaire, détenteur ou à l'occupant du bien[249].

B – Le classement sur la liste du patrimoine naturel

Outre l'inscription à inventaire, il faut envisager le classement du patrimoine naturel sur une liste nationale. Le classement est l'acte par lequel l'État déclare l'intérêt particulier des biens publics ou privés déjà inventoriés[250]. Par rapport à l'inscription, le classement requiert une procédure plus complexe en raison des conséquences beaucoup plus importantes qu'il engendre[251].

En droit congolais, le classement permet d'évaluer l'intérêt patrimonial d'un bien en examinant un ensemble de critères historiques, artistiques, scientifiques et techniques. En effet, « *les sites classés sont des lieux dont le caractère exceptionnel justifie une protection de niveau national : éléments remarquables, lieux dont on souhaite conserver les vestiges ou la mémoire pour les événements qui s'y sont déroulés... L'objectif est donc de conserver les caractéristiques d'un patrimoine en le préservant de toute atteinte à l'esprit des lieux. Il s'agit d'un mode de protection qui s'est étendu sur l'ensemble du patrimoine car au début, étaient classés des éléments remarquables, isolés et menacés de dégradation (rochers, cascades, fontaines, sources, grottes, arbres...), des châteaux et leurs parcs, par la suite, les protections ont progressivement porté sur de plus vastes étendues : massifs, forêts, îles[252]... ».*

A cet effet, l'initiative de classement peut être engagée soit par l'Etat, soit sur la demande du propriétaire, du détenteur ou de l'occupant du bien, personne physique ou morale, après avis de la commission nationale du patrimoine national culturel et naturel. Une fois les conditions réunies, le classement intervient par décret pris en conseil des ministres sur proposition du ministre en charge de la culture. Il est ensuite publié pour notification à toutes les parties concernées. Le classement ouvre droit à une indemnité au profit du propriétaire détenteur ou occupant public ou privé en réparation du préjudice pouvant en résulter.

Au regard des dispositions de la loi du 26 juillet 2010 portant protection du patrimoine national culturel et naturel, il apparaît que le droit congolais prévoit

---

[249] Article 9 de la loi sur la protection du patrimoine national culturel et naturel
[250] Article 11 de la loi du 26 juillet 2010 sur la porrection du patrimoine culturel au Congo
[251] Pierre-Laurent Frier, *Op. cit.* p 162
[252] http://www.developpement-durable.gouv.fr/Etapes-du-classement-d-un-site.html, consulté le 2 avril 2015.

le classement comme mesure de protection du patrimoine naturel. Il convient juste de prendre des dispositions pour sa mise en œuvre. Ces dispositions concernent l'adoption des textes d'application relatifs au classement. Il s'agit des préalables sans lesquels il est impossible de réaliser un classement.

C'est aussi l'occasion de solliciter un engagement plus fort des responsables (nationaux, locaux…) dans la prise d'initiatives de classement du patrimoine naturel. En effet, l'efficacité du classement, que ce soit au niveau local ou national, n'est plus à prouver. Il permet de sauvegarder une identité nationale à travers la reconnaissance des valeurs intrinsèques du patrimoine naturel. C'est le cas des forêts sacrées.

Le classement constitue la mesure de protection la plus efficace. Il produit des effets qui s'appliquent de plein droit dès le moment où l'acte de classement a été notifié aux personnes concernées. En ce sens, il produit des effets à l'égard du bien lui-même, du propriétaire, détenteur ou occupant et de l'autorité administrative. En conséquence, le bien classé ne peut faire l'objet d'aucune réalisation des travaux ou de modification si l'autorité administrative compétente n'y donne pas son consentement[253]. Cette restriction suppose que tous les travaux à entreprendre nécessitent l'accord de l'autorité administrative compétente. L'Etat se réserve le droit d'établir des servitudes dans l'intérêt public ; il s'agit principalement du droit de visite et d'investigation des autorités, du droit de visite éventuelle du public et de l'obligation d'entretien ou de toutes autres servitudes entrainées par le classement.

Par ailleurs, une fois le bien naturel classé, nul ne peut l'acquérir. Dans l'hypothèse où le bien est un immeuble, aucune construction nouvelle ne peut être dressée à côté du site classé ou inventorié, ou élevée dans leur champ de visibilité sans autorisation des services compétents. Une restriction prévue par le droit congolais qui renforce, non seulement, le bien classé mais aussi les abords du bien, le champ de visibilité s'étendant sur un rayon de 50 mètres au moins autour du bien[254]. Dans le même sens, toute forme de publicité (affiches, panneaux, dispositifs lumineux, sonores ou autres) est prohibée sur les sites et paysages naturels classés. Cette mesure de protection produit des effets contraignants à l'égard de toutes les parties concernées par le bien classé. En conséquence, la possibilité de réaliser des travaux nécessite non seulement le contrôle scientifique des services du ministère en charge de l'environnement, de l'urbanisme et des mines (pour les sites et paysages culturels, les sites archéologiques).

---

[253] Philippe Guillot, *Droit du patrimoine culturel et naturel*, Ellipses 2006. p47
[254] Article 25 de la loi sur la protection du patrimoine national culturel et naturel

Cependant, il est important de mentionner que le dispositif prévu par la loi du 26 juillet 2010 sur la protection du patrimoine naturel au Congo n'est pas encore mise en œuvre. C'est pourquoi, il convient d'amener les autorités dépositaires de la décision à évoluer dans ce sens. Une fois l'inventaire et le classement réalisés, le Congo pourra disposer d'un fichier national des sites et paysages naturels inscrits ou classés au patrimoine national.

Paragraphe II : La conciliation des impératifs du développement durable aux enjeux économiques.

Cette conciliation passe par la mise en valeur des ressources naturelles à travers les enjeux du tourisme durable et de la promotion de l'économie verte.

A – La mise en valeur des ressources naturelles à travers les enjeux du tourisme durable

Les enjeux d'un tourisme durable sont à examiner dans la conciliation entre le développement économique et la préservation du patrimoine dans son environnement. C'est pourquoi sa mise en œuvre doit répondre aux enjeux sociaux et culturels à travers l'adoption des mesures concrètes en faveur d'un tourisme durable et à la sensibilisation de tous les acteurs.

Le terme de tourisme durable apparaît pour la première fois en 1993 dans un guide publié par l'OMT et le PNUE : *Guide à l'intention des autorités locales – développement durable du tourisme*. L'ouvrage présente les concepts et les techniques de la planification et du développement du tourisme ainsi que la gestion de son impact sur l'environnement et de ses effets socioéconomiques au niveau local. Il indique que « *l'environnement est la base des ressources naturelles et culturelles qui attirent les touristes. Par conséquent, la protection de l'environnement est essentielle pour un succès à long terme du tourisme*[255] ». En 1995, à l'initiative de l'OMT, l'UNESCO, le PNUE et la Commission Européenne, une Charte du tourisme durable voit le jour et définit pour la première fois la notion du tourisme durable. Cette Charte rappelle que « *le tourisme, de par son caractère ambivalent, puisqu'il peut contribuer de manière positive au développement socio-économique et culturel, mais aussi à la détérioration de l'environnement et à la perte de l'identité locale, doit être abordé dans une perspective globale.* » Selon l'OMT, le tourisme « *doit être*

---

[255]http://www.ecotourisme-magazine.com/tourisme-durable/, consulté le 1er novembre 2014

supportable à long terme sur le plan écologique, viable sur le plan économique et équitable sur le plan éthique et social pour les populations locales [256]».

La protection, la promotion et la conservation des ressources naturelles sont donc des conditions essentielles du développement durable. Il convient de rappeler que l'environnement est reconnue, depuis sommet de Johannesburg[257], comme l'une des composantes du développement durable au même titre que l'économie, le social et la culture. Si l'on reste sur cette logique, toutes les composantes du développement durable doivent aller de pair, être combinées et conciliées. Il est donc évident que l'une ne peut aller sans l'autre ; leurs actions sont intimement liées. A ce propos, la convention de l'UNESCO de 1972 fait remarquer que « *les patrimoines culturel et naturel sont de plus en plus menacés de destruction non seulement par les causes traditionnelles, mais aussi par l'évolution de la vie sociale et économique qui aggravent leur situation par des phénomènes d'altération ou de destruction encore plus redoutables[258]* ».

Le but est de mettre en place une politique qui vise le respect des écosystèmes non seulement pour apaiser les inquiétudes face à la fragilité de l'environnement mais aussi d'amener les touristes, quels qu'ils soient, à adopter un comportement responsable vis-à-vis du patrimoine naturel. Cette démarche illustre l'importance de protéger à la fois le patrimoine culturel et naturel. La législation congolaise ne fait pas de distinction entre le patrimoine culturel et naturel dans leur protection. En effet, la loi N°8-2010 du 26 juillet 2010 portant protection du patrimoine national culturel et naturel au Congo protège communément le patrimoine culturel et naturel. Il en est de même pour d'autres pays comme Madagascar. Le législateur malgache a fait de même par une ordonnance relative à la protection, la sauvegarde et la conservation du patrimoine national. (Ordonnance n°82-029 du 6 novembre 1982 relative à la protection, la sauvegarde et la conservation du patrimoine national)[259]. Les législateurs congolais et malgache ont voulu protéger communément le patrimoine culturel et naturel car il existe une interpénétration entre les deux, une relation intimement liée et, de manière logique on ne peut protéger l'un sans l'autre. En d'autres termes, on peut aisément constater que la distinction entre la protection du patrimoine culturel et celle du patrimoine naturel n'est que législative. Dans la pratique, elles sont intimement liées en raison du fait que ces

---

[256] Préambule de la Charte du tourisme durable du 28 avril 1995
[257] Le sommet de Johannesbourg de 2002, encore appelé sommet de la Terre a été l'occasion pour les Etats des Nations Unies de faire le point sur la mise en œuvre de l'Agenda 21 de Rio et des Conventions Internationales qui furent adoptées pour permettre à l'humanité de progresser dans le sens du développement durable.
[258] Préambule de la Convention UNESCO de 1972 sur la protection du patrimoine mondial, naturel et culturel
[259] Negri (V), *Droit et patrimoine en Afrique, Version réactualisée, Recueil de législation relatives à la protection du patrimoine culturel*, Université Senghor, 2002, p52

patrimoines sont imbriqués et gérés par les communautés comme des entités indissociables impliquant le milieu naturel, les croyances et une intervention plus ou moins contrôlées des individus. Certains constituent des paysages culturels comportant une double dimension culturelle et naturelle[260].

B - La promotion et le développement de l'économie verte

L'économie verte est considérée comme un outil de promotion du développement durable en matière de lutte contre les changements climatiques et pour la création massive d'emplois respectueux de l'environnement. La FAO estime que la façon dont on gère notre capital naturel n'affecte pas seulement que l'environnement mais aussi a des impacts sur la prospérité économique dans le long terme. Le capital naturel comprend les terres, sols, eaux, forêts, biodiversité animale et végétale. Il est cependant menacé soit du fait de l'homme, soit de la nature. Le développement d'une économie verte apparaît donc comme un moyen qui permettrait de maintenir, renforcer et reconstruire le capital naturel en tant que ressource économique, sources de bénéfices publics[261].

Le concept de l'économie verte a connu un développement remarquable à la suite de la conférence de Rio en 1992. Il a été mis en place afin de modifier les modèles économiques existants jusque-là. Il s'agit donc d'une approche nouvelle qui vise à limiter le réchauffement climatique par une utilisation rationnelle des ressources forestières.

L'engagement du Gouvernement congolais en faveur de la promotion et du développement de l'économie verte ne produit aucun effet palpable et concret. Promouvoir l'économie verte, c'est asseoir un développement véritablement durable. C'est se donner des moyens de lutte contre la pauvreté, de préservation des intérêts des générations d'aujourd'hui et de demain, de création de multiples emplois dans les secteurs de la forêt, de l'agriculture, de l'élevage, de la pêche, de l'écotourisme, etc. Avec 22,5 millions d'hectares de forêts, soit 65% de son territoire, et une importante biodiversité, notre pays a de réels atouts pour engager le combat de l'économie verte avec assurance. Cette déclaration avait été faite en août 2013 par Denis SASSOU NGUESSO, Président de la République du Congo, à l'occasion du sommet sous-régional sur le Bassin du Congo.

---

[260]De Souza (A) : *Présentation des institutions de promotion et de valorisation du patrimoine culturel au Bénin*. Actes de séminaire de Praia, décembre, 1996, p12

[261] FAO, *L'économie verte en Afrique. Mise en œuvre de l'initiative de la grande muraille verte pour le Sahara et le Sahel*, FAO 2014, p2

Ainsi, on peut constater que le Congo s'est engagé sur la voie du développement durable dans la gestion des forêts du Bassin du Congo. Cependant, cette volonté ne constitue jusque-là qu'une déclaration d'intentions. Pour ce qui de la promotion et du développement de l'économie verte, il revient au ministère en charge de la gestion forestière de veiller à leur mise en œuvre. L'économie verte est génératrice d'emplois et de revenus conséquents et elle permet de concilier l'exploitation forestière et les retombées économiques tirées des ressources naturelles dans un parfait équilibre.

Il convient de faire remarquer que les enjeux économiques ont longtemps pris le dessus sur la préservation de l'environnement. Les dégâts de toute sorte causés par l'exploitation minière et forestière sont et demeurent importants. Ainsi, les ministères de l'environnement et de l'économie forestière qui ont la charge de la gestion et de la protection des ressources naturelles doivent pouvoir adopter et appliquer des politiques publiques destinées à établir un équilibre entre l'exploitation des ressources environnementales et les rentes forestières. Il s'agit principalement de faire bénéficier la rente aux populations locales de façon à améliorer leurs conditions de vie.

De manière plus générale, l'intérêt est d'assurer un équilibre dans l'exploitation de l'environnement pour une meilleure régulation entre les enjeux en présence. Au bout de compte, l'objectif fondamental est d'assurer un développement économique qui respecte les ressources environnementales et qui, au-delà de tout, fait des ressources naturelles un levier du développement de l'économie non seulement nationale mais aussi locale. En réalité, il faut faire de l'exploitation des ressources naturelles un enjeu écologique et planétaire. La valorisation de l'économie verte est un modèle de conciliation des enjeux économiques et de la sauvegarde des ressources environnementales. L'économie verte étant une économie responsable, il s'agit de concilier la viabilité de tout projet d'exploitation avec des principes éthiques, tels que la protection de l'environnement et la préservation du lien social. Selon ce système, le prix des biens et services doit refléter le coût environnemental et social de l'ensemble de leur cycle de vie, c'est-à-dire de l'extraction des ressources à la valorisation, en tenant compte de la fabrication, de la distribution et de l'utilisation. Les enjeux d'une économie responsable sont nombreux, souvent liés à l'un des deux autres piliers du développement durable, l'environnement et le social, voir aux deux. Ils permettent de développer des pratiques commerciales innovantes et éthiques pour mieux répartir les bénéfices et les richesses. Ex : le commerce équitable, le microcrédit, le micro-don, de répartir les richesses et les bénéfices de façon plus juste, d'intégrer le coût social et environnemental dans le prix des produits et de chercher à développer le tissu économique local[262].

La promotion et le développement de l'économie verte prouvent que l'exploitation et la protection de l'environnement ne sont pas opposées. Au contraire dans le cadre du développement durable, il convient de les concilier afin, d'une part, de lutter contre les externalités négatives comme que la pollution, l'épuisement des ressources forestières non renouvelables, l'émission des GES, et d'autre part, de limiter les effets de long terme et intergénérationnels de l'activité économique.

Cependant, il faut noter que l'État congolais doit créer les conditions d'une participation du secteur privé au développement et la promotion d'une économie verte. Il convient de faire participer les exploitants à l'économie verte en collaboration avec les agriculteurs. Le but est de les inciter sinon les obliger à faire usage des méthodes d'exploitation et agricoles durables. Au-delà même des engagements que le secteur privé peut prendre, il s'agit de plus les responsabiliser afin de migrer vers une utilisation rationnelle des ressources naturelles.

Il faut aussi mentionner que la réalisation de l'économie verte exige de gros investissements ou engendre des coûts de production importants. Les difficultés d'une mise en œuvre de l'économie verte résident donc dans l'accès aux financements car dans la cadre des allocations octroyées par les bailleurs, les taux d'intérêt sont sensiblement élevés. Ce qui explique la réticence des investisseurs face à ces risques élevés. Le manque de fonds pour la réalisation d'une économie verte est réel frein à la réalisation de l'un des objectifs du développement durable. Un vrai défi car les fonds pour y parvenir ne sont pas toujours disponibles. Ces fonds sont encore insuffisants et ne permettent pas encore d'amorcer une réelle transition verte.

Mais la transition vers ce type d'économie est indispensable pour espérer assurer un développement durable de l'environnement. Pour y parvenir, les nouvelles politiques liées à la protection de l'environnement doivent prendre en compte cette difficulté et créer un climat d'assurance et de stabilité à travers des garanties destinées à atténuer les risques d'emprunts financiers. Il s'agit de mettre en place des institutions financières publiques, des fonds souverains et des banques de développement qui auront pour vocation d'orienter leurs investissements dans l'économie verte favorisant ainsi son développement.

---

[262] Philippe Hugon, « Enjeux économiques du développement durable », *Revue internationale et stratégique* 2005/4 (N°60), p 122

En somme, il faut reconnaître que les opportunités de financement de l'économie verte sont moindres. Il convient de les créer, les inciter sinon les renforcer et les rendre accessible afin de lutter contre la dégradation des forêts. Seule une réelle volonté politique permettra d'atteindre cet objectif d'économie verte afin d'assurer la pérennité des ressources forestières. Au-delà même du cadre national, il convient de réfléchir sur les mécanismes régionaux et internationaux de mise en œuvre de l'économie verte. Mais cette harmonisation pose le problème préalable des ajustements de systèmes normatifs et institutionnels pour une opérationnalisation des actions concertées et planifiées.

CONCLUSION

Les enjeux et les perspectives d'une protection durable de l'environnement au Congo ont, jusque-là, été marqués par la volonté de poser un cadre de protection des ressources humaines. Seulement, il ressort, en pratique que, cette lutte se révèle inefficace pour des raisons à la fois humaines et naturelles.

De manière générale, il ressort que, malgré les outils juridiques mis en place, la protection reste limitée et demeure vulnérable face aux différents dangers qui menacent les ressources naturelles avec pour principales conséquences le changement climatique et la dégradation des écosystèmes. Il convient de reconnaitre que pour lutter contre ces deux phénomènes, les différentes politiques publiques congolaises ont été axées sur l'aménagement des concessions forestières et la mise en place des aires protégées. En ce sens, on peut considérer que ces politiques se sont données comme objectif, entre autres, d'apporter des réponses aux menaces envers les ressources naturelles en réorganisant la filière forêt-bois.

Pour rappel, il faut retenir que la protection de l'environnement au Congo dans le cadre du développement durable est une initiative récente. En effet, l'importance de la protection de l'environnement ne fait l'objet d'aucun doute. L'importance des fonctions écologiques interpelle l'humanité entière car dans les faits, elles sont confrontées à un rythme accéléré d'exploitation sans que leur renouvellement ne soit toujours assuré. Ce qui a pour conséquence immédiate la perturbation des écosystèmes Ainsi, pour comprendre et maîtriser cette perturbation, il convient d'assurer une protection qui prenne en compte tous les aspects du développement durable.

L'état des lieux de la protection de l'environnement au Congo révèle des insuffisances et des limites. Que ce soit au niveau national ou international, les mesures de protection se sont révélées insuffisantes. Ces faiblesses de protection résident notamment dans la conservation, la législation, les structures institutionnelles, les ressources humaines, la planification et la gestion, les mécanismes participatifs et de mise en réseau. En réalité, les différentes politiques publiques mises en place souffrent du laxisme de l'administration et de l'insuffisance des moyens humains et financiers. Cette situation a pour résultante un contrôle biaisé de l'exploitation des ressources environnementales et minières. C'est à juste titre que José Endundo Bononge affirme que « *les équilibres séculaires entre l'homme et la nature semblent aujourd'hui bouleversés : le changement climatique s'emballe sous l'influence de quantités critiques de gaz à effet de serre, la biodiversité diminue à un taux jamais égalé auparavant, les populations rurales des pays du Sud ont de plus en plus de mal à se nourrir et à trouver un cadre de vie adapté* ».

De ce qui précède le constat est clair : les politiques environnementales mises en place, jusque-là, ne suffisent pas à assurer une protection adéquate de l'environnement. Actuellement, les activités de subsistance, comme l'agriculture à petite échelle et la récolte de bois de chauffage, sont les principales causes de la déforestation et de la dégradation des forêts dans le bassin du Congo ; mais les nouvelles menaces qui se profilent à l'horizon viendront alourdir les pressions sur les forêts naturelles. Dans ce sens, l'environnement ainsi que les services qu'il produit sont en proie à des sérieuses menaces. C'est pourquoi il est indispensable de mettre en œuvre une gestion durable de l'environnement Congo. Notre étude justifie l'importance de la gestion durable et de la nécessité de prouver qu'une telle gestion assure une meilleure protection. En ce sens, nous avons démontré que l'application effective des principes de la gestion durable est incontournable pour lutter contre le réchauffement climatique et préserver les écosystèmes forestiers au Congo. Cette application effective passe par l'intégration de la population locale dans les organes consultatifs, de décision et gestion, et par la mise en place d'organes consultatifs en fonction des différentes communautés locales.

Au niveau de la protection internationale, la faiblesse est, sans doute, due à la méconnaissance par les communautés locales et traditionnelles des Conventions et autres textes internationaux de conservation de l'environnement. En effet, ces Conventions ne s'adressent pas aux citoyens mais aux Etats Parties. C'est pour cette raison que les citoyens ont, par exemple, du mal à trouver leur place dans la relation entre les Etats et le centre du Patrimoine mondial chargé de veiller sur la protection internationale des sites culturels et naturels. Cet écart entre l'Etat chargé d'appliquer les normes nationales et internationales et les réalités locales justifie en grande partie les faiblesses de la protection internationale.

D'autre part, il est nécessaire, de justifier l'application des principes du développement durable à travers l'obligation d'imposer une étude d'impact environnemental avant et après toute exploitation des ressources naturelles. L'étude d'impact permet de mesurer et de quantifier les éventuels dégâts pouvant être causés par une quelconque exploitation. Elle présente donc l'avantage d'en avoir connaissance et de les minimiser au maximum en amont. En aval elle permet de mettre en pratique des mécanismes pouvant servir à lutter contre la dégradation de l'environnement.

Les enjeux et les perspectives d'une gestion durable de l'environnement ne peuvent trouver meilleure expression que dans le cadre du développement durable. Il en ressort l'obligation selon laquelle la question de mise en valeur des ressources environnementales intègre les axes du développement durable. En effet, un accent particulier devrait être mis sur le recentrage et le renforcement des politiques publiques à travers la mise en place d'un cadre normatif et institutionnel adapté aux besoins actuels.

BIBLIOGRAPHIE

Ouvrages et articles

Agnès Michelot, « Utilisation durable et irréversibilité(s). Du « jeu » de la temporalité aux enjeux de la durabilité », *Revue juridique de l'Environnement Année* 1998 H-S pp. 15-30

Alexandre Kiss, « Environnement, droit international, droits fondamentaux », *Cahiers du conseil constitutionnel* n° 15, dossier : constitution et environnement, janvier 2004

Anne Wlazlak, L'influence de la construction communautaire sur la Constitution française, Thèse de droit public, Université d'Avignon 2013

Aurélie Binot, *La conservation de la nature en Afrique centrale entre théorie et pratiques. Des espaces protégés à géométrie variable*, Thèse de géographie, Université Paris 1, 444 pages.

Axel De Theux, Imre Kovalovszky, Nicolas Bernard, *Précis de méthodologie juridique: Les sources documentaires du droit*, Presses de l'Université Saint-Louis, 28 mai 2019, 750 pages.

Bertrand Mathieu, « Observations sur la portée normative de la Charte de l'environnement », in *Cahiers du conseil constitutionnel* n° 15 (dossier : constitution et environnement) - janvier 2004, pp2-4

Blaise Freddy Nguimbi, *Impact du droit international de l'environnement sur le droit national congolais,* Université de Limoges - Master2 Droit international et comparé de l'environnement 2006, 65 pages.

Carlos Mupili Kabyuma, *Problématique d'application de droit international de l'environnement dans la lutte contre les violations de droit de l'environnement par les groupes armés à l'est de la RD.Congo*, Mémoire de Master 2, Université de Limoges - 2011, 62 pages.

Chantal Cans, « Le développement durable en droit interne, apparence du droit et droit des apparences », AJDA, 2003, p. 210

Christel Cournil, « Réflexions sur les méthodes d'une doctrine environnementale à travers l'exemple des tribunaux environnementaux des peuples », *Revue juridique de l'environnement* 2016/HS16 (n° spécial), pages 201 à 218

Christian Fargeot, *La chasse commerciale en Afrique centrale : une menace pour la biodiversité ou une activité économique durable ? : Le cas de la république centrafricaine*, Thèse de doctorat en Géographie et aménagement de l'espace, Université Paul Valery 2013, 411 pages.

Corinne Lepage, « Les véritables lacunes du droit de l'environnement », in *Pouvoirs* 2008/4 (n° 127), pages 123 à 133

Cynthia-Yaoute Eid, *Le droit et les politiques de l'environnement dans les pays du bassin méditerranéen : approche de droit environnemental comparé*, Thèse en Sciences Juridiques, Université Paris 5, 2007, 297 pages.

Daniel Pinson, *Environnement et urbanisation*, L'Harmattan 2004, p. 32-51

Denys de Bechillon, « Comment encadrer le pouvoir normatif du juge constitutionnel ? », Cahiers du conseil constitutionnel - n° 24, juillet 2008, pp 45-47

Dominique Alhéritière, L'évaluation des impacts sur l'environnement en droit forestier, FAO 2015, 27 pages.

Eric Naim-Gesbert, « Les dimensions scientifiques du droit de l'environnement. Contribution à l'étude des rapports de la science et du droit », VUB Press et Bruylant, Bruxelles, 1999, 453 pages

Éric Naim-Gesbert, « Maturité du droit de l'environnement », *Revue juridique de l'environnement* 2010/2 (Volume 35), pages 231 à 240.

Félix Koubouana, *Les forêts de la vallée du Niari (Congo) : études floristiques et structurales*, Thèse de doctorat en Sciences biologiques et fondamentales appliquées. Psychologie, Université Paris 6, 1993, 364 pages.

Fernando Lopez Ramon, « L'environnement dans la constitution espagnole », *RJE* 2005, pp53-63

François Bourguignon, *Pauvreté et développement dans un monde globalisé*, Fayard, 25 mars 2015, 80 pages.

Frédérique Permingeat, « La coutume et le droit de l'environnement », sous la direction de Jean Untermaier, Université Jean Moulin, Lyon 3, 2009. *In Revue Juridique de l'Environnement*, n°2, 2010. p. 384

Gilles Paisant, « La place de la coutume dans l'ordre juridique haïtien, (Bilan et perspectives à la lumière du droit comparé », Haïti, 29-30 novembre 2001), Compte-rendu, *Revue internationale de droit comparé*, Année 2002, pp. 186-187

Giulia Enders, « Le charme discret de l'intestin : tout sur un organe mal-aimé », *Actes Sud*, 2015, p. 87

Gregory Mankiw, *Principes de l'économie*, Paris, Economica, 1998, 1208 pages.

Guyomard Hubert. « L'évolution de la protection de l'environnement ». In *Revue juridique de l'Ouest*, N° Spécial 1992. L'environnement. pp. 63-74

Hervé Jiatsa Meli, *Les droits fondamentaux et le droit à l'environnement en Afrique*, Mémoire de Master en Droit International et Comparé de l'environnement, Université de Limoges 2006, 67 pages.

Jacqueline Morand-Deviller, « L'environnement dans les constitutions étrangères », in *Les nouveaux cahiers du conseil constitutionnel* - n°43, avril 2014

Jacqueline Morand-Deviller, Droit administratif, Montchrestien, 2007, 864 pages

Jacques Véron, « Enjeux économiques, sociaux et environnementaux de l'urbanisation du monde », in Mondes en développement 2008/2 (n° 142), pages 39 à 52

Jean Dorst, « Impact de la faune sauvage sur l'environnement », *Rev. sci. tech. Off. int. Epiz.*, 1991, 10 (3), 557-576

Jean-Noël Salomon, « Questions à l'environnement, Avant-propos », in *Sud-Ouest européen*, tome 3, 1998. Questions à, l'environnement. pp. 1-2;
Michel Picouet, *Environnement et sociétés rurales en mutation: Approches alternatives*, IRD Editions, 2013, 357 pages

Kiss Alexandre Charles. « La protection de l'atmosphère : un exemple de mondialisation des problèmes ». In *Annuaire français de droit international*, volume 34, 1988. pp. 701-708

Louis Favoreu (Dir.), *Droit constitutionnel 2021*, Dalloz, 2020, 1180 pages.

Lunel Pierre, Braun Pierre, Flandin-Blety Pierre, Texier Pascal. « Pour une histoire du droit de l'environnement ». In *Revue Juridique de l'Environnement*, n°1, 1986. pp. 41-46

Manon-Nour Tannous - Xavier Pacreau, Les relations internationales, La Documentation Française, septembre 2020, 204 pages.

Marcel Waline, « Hypothèses sur l'évolution du droit en fonction de la raréfaction de certains biens nécessaires à l'homme », *Revue de droit prospectif*, N° 2-1976, p. 12.

Marta Torre-Schaub, « La doctrine environnementaliste : une dynamique au croisement du savoir scientifique et profane », *Revue juridique de l'environnement* 2016/HS16 (n° spécial), pages 219 à 240

Marie-Anne Cohendet, *Droit constitutionnel de l'environnement - Regards croisés*, Mare et Martin Editions, 2019, à paraître (résumé)

Maurice Pardé, « Régimes hydrologiques de l'Afrique Noire à l'ouest du Congo », *Annales de géographie*, Année 1967, 413 pp. 109-113

Michel Prieur, « L'environnement entre dans la constitution », CRIDEAU 2005

Michel Beaud, 1989, « Risques planétaires, Environnement et Développement », *Economie et Humanisme*, N° 308, p.12

Michel Durousseau, « Biodiversité et Evolution du Droit de la Protection de la Nature : Réflexion Prospective, le Constat : La biodiversité est en Crise », *RJE*, Edition Spéciale : 2008, pp34-36

Michel Prieur, « La non-régression, condition du développement durable », in *Vraiment durable* 2013/1 (n° 3), pages 179 à 184

Moïse Tsayem Demaze, « Les conventions internationales sur l'environnement : état des ratifications et des engagements des pays développés et des pays en développement », in L'Information géographique 2009/3 (Vol. 73), pages 84 à 99.

Nadine Poulet-Gibot Leclerc, *Droit administratif : sources, moyens, contrôles*, Editions Bréal, 2007, 271 pages.

Philippe Renault, « Le Karst du Kouilou (Moyen-Congo, Gabon) », in *Géocarrefour*, Année 1959, 34-4 pp. 305-314

République du Congo, *Etude socio-économique et environnementale du secteur forestier*, Juin 2007, 53 pages

Richard Laganier, Helga-Jane Scarwell, Risque d'inondation et aménagement durable des territoires, Presses Universitaires du Septentrion, 10 oct. 2017, 240 pages.

Sachs I., Weber J., 1994, « Environnement, Developpement, Marche : pour une économie anthropologique », Entretien avec Ignacy Sachs par J. Weber, Revue Nature, Sciences, Société, Vol. 2, n° 3

Sancy Lenoble Matschinga, *La législation sur l'eau en République du Congo*, EMWA, juin 2014, 70 pages.

Sandrine Maljean--Dubois, « Quel droit pour l'environnement ? », in *Hypothèses*, Aix Marseille Université, 2013

Serge Hebrard, « Les études d'impact sur l'environnement et le juge administratif », *RJE*, 1981, pp. 129-176

UICN, *Parcs et réserves du Congo. Évaluation de l'efficacité de la gestion des aires protégées*, 144 pages.

Ulrich Kévin Kianguebeni, *Contribution à la protection du patrimoine culturel au Congo*, EUE 2011, 76 pages.

Ulrich Kévin Kianguebeni, *La protection du patrimoine culturel au Congo*, Thèse de droit public, Université d'Orléans, 2016, 512 pages.

Ulrich Kévin Kianguebeni, *Législation sur la protection du patrimoine culturel au Congo*, EUE 2011, 132 pages.

Yann Prisner-Levyne La protection de la faune sauvage terrestre en droit international public, Thèse de Droit international public, Université Paris I, 2017, 446 pages.

Youri Mossoux, « L'application du principe du pollueur-payeur à la gestion du risque environnemental et à la mutualisation des couts de la pollution », *Lex Electronica,* vol. 17.1 (Été 2012)

 Yves Jégouzo, L'évolution des instruments du droit de l'environnement, in Pouvoirs 2008/4 (n° 127), pages 23 à 33

Textes de droit

Loi n° 48/83 du 21 avril 1983 définissant les Conditions de la Conservation et de l'Exploitation de la Faune Sauvage

Loi n°2005-04 du 11 avril 2005 portant Code minier

La loi n° 28-2016 du 12 octobre 2016 portant code des hydrocarbures

La Loi n°003/91 du 23 avril 1991 sur la protection de l'Environnement

La Loi N°8-2010 du 26 juillet 2010 portant protection du patrimoine national culturel et naturel au Congo

La Loi n° 17-2000 portant régime de la propriété foncière

La Loi n° 37-2008 sur la faune et les aires protégées.

Loi n° 48/83 du 21 avril 1983 définissant les Conditions de la Conservation et de l'Exploitation de fa Faune Sauvage

Loi 24-94 du 23 août 1994 portant Code des Hydrocarbures

Code de l'eau *du 10 avril 2003*

Code forestier du 20 novembre 2000

Décret n° 2009/415 du 20 Novembre 2009 fixant le champ d'application, le contenu et les procédures de l'étude et de la notice d'impact environnemental et social

Décret n°2002-437 du 31 décembre 2002 fixant les conditions de gestion et d'utilisation des forêts

Décret n°86/775 du 7 juin 1986 rendant les EIE obligatoires

Arrêté n° 1450/MIME/DGE du 14 novembre 1999 relatif à la mise en application de certaines dispositions sur les installations classées de la Loi 003-91

Arrêté n° 609/MIME/CAB du 22 mai 2000 relatif à l'utilisation de certaines substances dans des équipements frigorifiques, la climatisation et dans l'industrie,

Arrêté n° 2057/MIME/CAB du 1 » mai 2002 réglementant les importations, les exportations et réexportations des substances qui appauvrissent la couche d'ozone et des produits et équipement contenant de telles substances,

Arrêté n° 1119/MIME/CAB du 2 avril 2002 portant agrément du centre inter-entreprise dans le dépistage, le traitement et l'évaluation des risques sanitaires dus à la pollution marine et côtière

Arrêté n° 835/MIME/DGE du 6 septembre 1999 sur l'agrément des bureaux d'études

Table des matières

PLAN DE L'OUVRAGE.. 5

LISTE DES ABBREVIATIONS 7

INTRODUCTION... 13

   1 – La notion de l'environnement 14

   2 – Géographique environnementale de la République du Congo 17

PARTIE I : L'ETAT DES LIEUX DE LA PROTECTION DE
L'ENVIRONNEMENT AU CONGO 21

   Chapitre I : La protection normative de l'environnement 23

      Paragraphe I : Le cadre législatif et règlementaire national 23

      A– La Loi n°003/91 du 23 avril 1991 sur la protection
      de l'Environnement 23

      B - La Loi N°8-2010 du 26 juillet 2010 portant protection du patrimoine
      national culturel et naturel au Congo 25

      C – La Loi n° 37-2008 sur la faune et les aires protégées 27

      D – La Loi n°16-2000 du 20 novembre 2000 portant code forestier 30

      E– La loi n° 13-2003 du 10 avril 2003 portant code de l'eau 33

      F– La Loi n°4-2005 du 11 avril 2005 sur le code minier 35

      G – La Loi n° 48/83 du 21 avril 1983 définissant les Conditions
      de la Conservation et de l'Exploitation de fa Faune Sauvage..................... 39

      H– La Loi n° 17-2000 portant régime de la propriété foncière 43

      I - La loi n° 28-2016 du 12 octobre 2016 portant code des hydrocarbures .. 45

      Le Décret n° 2009-415 du 20 novembre 2009 fixant le champ d'application,
      le contenu et les procédures de l'étude d'impact sur l'environnement
      et social 48

      Le Décret n°2002-437 du 31 décembre 2002 fixant les conditions
      de gestion et d'utilisation des forêts 50

      Le Décret n°86/775 du 7 juin 1986 rendant les EIE obligatoires 51

     Paragraphe II : Le cadre normatif international 52

      I – Au plan mondial 52

      A - La Convention concernant la protection du patrimoine mondial, culturel
      et naturel de 1972... 52

B- La Convention de Ramsar sur les zones humides d'importance internationale, Ramsar 2 février 1971 54

C - La Convention sur le commerce international des espèces de la faune et de la flore menacées d'extinction (CITES) de juillet 1975. 55

D- La Convention de Vienne pour la protection de la couche d'ozone 56

E- La Convention-cadre des Nations unies sur les changements climatiques de 1994 (CCNUCC) 59

F- La Convention internationale pour la lutte contre la sécheresse et/ou la désertification 63

G- La Convention sur la diversité biologique de 1992 65

II – Au plan régional et sous-régional 68

A - La convention africaine sur la conservation de la nature et des ressources naturelles du 11 juillet 2003 68

B- La Charte Africaine des Droits de l'Homme et des Peuples du 27 juin 1981 69

Chapitre II : La protection institutionnelle 71

Paragraphe I : Le cadre institutionnel national 71

A – Ministère du Développement Durable, de l'Économie Forestière et de L'Environnement 71

B – Le ministère du tourisme et de l'environnement 73

1 - La Direction Générale de l'Environnement (DGE) 75

2- La Direction Générale de l'Économie Forestière 77

3- La Direction générale du Développement Durable (DDD) 78

4- L'Inspection Générale de l'Économie Forestière et de l'Environnement (IGEFE) 80

5- Le Centre national d'inventaire et d'aménagement des ressources forestières et fauniques (CNIARFF) 81

6 - Le comité national REDD+ 81

7 - Les comités départementaux 82

8 - La coordination nationale REDD 83

Paragraphe II : Le cadre institutionnel international 83

A - Le Programme des Nations Unies pour l'Environnement (PNUE) 83

B - L'Organisation des Nations Unies pour l'Éducation, la Science et la Culture (UNESCO) 85

L'Initiative pour le patrimoine mondial forestier d'Afrique centrale (CAWHFI) 86

Le Programme de Conservation de la biodiversité en zones de conflits armés 88

C - L'Union internationale pour la conservation de la nature (UICN)......... 89

D - L'Organisation pour l'alimentation et l'agriculture (FAO) 91

E - Le Fond Mondial pour la Nature (WWF).. 94

F - La Conférence sur les écosystèmes de forêts denses et humides d'Afrique centrale (CEFDHAC) 95

G- La Commission des Forêts d'Afrique Centrale – COMIFAC 97

PARTIE II : LES EFFETS DE LA PROTECTION DE L'ENVIRONNEMENT AU CONGO 101

Chapitre I : L'impact réel du régime juridique dans la protection de l'environnement 103

Paragraphe I : L'applicabilité normes juridiques sur l'environnement 103

A – Des textes juridiques généraux et incomplets................................ 103

B – Les conséquences d'une effectivité diluée du droit congolais de l'environnement 104

Paragraphe II : L'absence de clarté des conventions et traités internationaux 108

A- La méconnaissance des Conventions et traités internationaux par les populations 108

B – Les difficultés d'application des textes internationaux dans la protection de l'environnement 111

Chapitre II : Le pouvoir des institutions de protection de l'environnement.. 114

Paragraphe I –L'insuffisance des ressources humaines et financières 114

A – L'insuffisance des ressources humaines 114

B – La faiblesse des investissements 116

Paragraphe II - L'absence d'une organisation mondiale et d'une juridiction internationale pour l'environnement.. 120

A - L'absence d'une organisation mondiale de l'environnement 120

B – L'absence d'une juridiction internationale pour l'environnement....... 122

Paragraphe III : L'impérative nécessité d'intégrer les éléments du développement durable dans la protection de l'environnement 124

A - La gestion durable, élément indispensable pour une exploitation rationnelle des ressources environnementales 124

B – La mise en place d'organes consultatifs en fonction des différentes communautés locales 127

PARTIE III : L'OBLIGATION D'APPLIQUER LES MESURES CONTRAIGNANTES... 131

Chapitre I : L'obligation d'une étude d'impact environnemental et la mise en place d'un nouveau principe directeur de l'environnement.......................... 133

Paragraphe I : L'obligation d'une étude d'impact environnemental 133

A – Une approche par précaution 133

B – Une démarche au contenu précis... 135

Paragraphe II : La nécessité d'un nouveau principe directeur de l'environnement 138

A – Le relèvement du niveau de protection 138

B - La mise en place des mécanismes propres aux réalités congolaises 143

Chapitre II : L'obligation de réaliser un inventaire du patrimoine naturel.... 147

Paragraphe I : - L'obligation d'établir une liste du patrimoine naturel 147

A – L'inscription à inventaire 147

B – Le classement sur la liste du patrimoine naturel 149

Paragraphe II : La conciliation des impératifs du développement durable aux enjeux économiques. 151

A – La mise en valeur des ressources naturelles à travers les enjeux du tourisme durable... 151

B - La promotion et le développement de l'économie verte 153

BIBLIOGRAPHIE 159

CONCLUSION..157

www.ingramcontent.com/pod-product-compliance
Lightning Source LLC
Chambersburg PA
CBHW040125270326
41926CB00001B/11